SAPOS CRIMINOLÓGICOS PARA PRINCESAS Y PRÍNCIPES CON PROBLEMAS DE CRIMINALIDAD

Sapos criminológicos para princesas y príncipes con problemas de criminalidad

Javier Muñoz Chumilla (ed.)

Criminología y Justicia Editorial

Palma de Mallorca

Edita: Criminología y Justicia.

www.crimyjust.com

direccion@crimyjust.com

ISBN-13: 978-1540406354
ISBN-10: 1540406350

Año 1ª Edición: Noviembre 2016

Ilustración de portada: Pixabay.com

CONTENIDO

AGRADECIMIENTOS

Este es el tipo de apartado que uno no puede obviar en esta clase de documentos. He de agradecer enormemente a Ana Durán y Jose Antonio Piñero su colaboración a la hora de organizar estas jornadas, ambos ex compañeros de clase en el Grado en Criminología, que siempre han estado dispuestos a dar ese extra que otros nunca se atreven a dar.

Por otro lado, resultaría delictivo –tenía que hacer el chiste- no agradecer a todos los ponentes su disposición a ayudar, no sólo a venir y hablar de lo propio. Todos y cada uno de ellos decidieron que esas jornadas, no sólo iban a salir impecables, sino que poseerían un algo que las haría especiales. Y quedó patente. Por ello, gracias a todos por ayudar a que se convirtieran en una realidad. De igual manera, he de agradecerles su paciencia después de tantos correos que compartimos, así como que decidieran apoyar esta segunda iniciativa, el libro de las jornadas.

Quiero agradecer también a la Universidad de Murcia y a la Sociedad Española de Criminología su ayuda, su disposición y el apoyo innegable que recibimos por parte, tanto de la Facultad de Derecho, como de los órganos directivos de SECrim.

Deseo dar las gracias al Archivo General de la Región de Murcia, que nos prestó su salón de actos, con capacidad para una cantidad impensable de personas –supongo que confiaban en nosotros más de lo que lo hacíamos nosotros mismos–, así como la iniciativa y disposición mostrada por los mismos empleados del Archivo.

Finalmente, mil gracias a todos los asistentes a las jornadas, no sólo por vuestra asistencia, sino por acompañarnos, compartir vuestras experiencias y críticas a lo largo de la experiencia, y por mantener vital el espíritu de las mismas.

Javier Muñoz Chumilla

PRÓLOGO

A lo largo de mi poco extensa carrera como criminólogo, algo que, creo, empieza más en la mente que en la capacidad que ha poseído uno de dar realidad a determinadas ideas, he podido comprobar que una profesión la levantan dos tipos de personas: los *oportunistas* y los *idealistas*. No es extraño que se mezclen entre ellos y nazcan verdaderos híbridos.

La categoría de oportunistas considera tanto a aquellos con una gran suerte o capacidad –no todo depende del azar- a la hora de estar en un lugar y momento, como a aquellos que toman las ideas de otros y tratan de sacar el mayor beneficio. Si esto se torna maniqueo, podemos considerar que los primeros serían los *deseables* y los segundos, por definición o considerarse los contrarios, los *indeseables*. Al final, por poco que gusten estos últimos, incluso ellos acaban aportando algo, aunque la deontología de la ciencia suela verse atacada.

En el caso de los idealistas, lo cierto es que suelen ser fuente de grandes ideas, posibilidades e intenciones. Que las lleven a buen puerto, en ocasiones, depende de que posean cierta cualidad de oportunistas, pues, como suele pasar (y le sucedió a Tesla, por ejemplo), no vale con tener una buena idea. Uno debe aprender a llevarla a cabo, además de poseer la valentía para ello.

Oportunistas e *idealistas*, así queda la cosa. ¿Qué en qué categoría me encuentro yo? Es curioso, en ambas. En ambas porque no se trata de verdaderas categorías, sino de un continuo. Un buen idealista, si desea llevar a buen puerto sus ideas, no tiene más remedio que buscarse las mañas para hacer ver esas mismas. Quede claro que el hecho de que me considere idealista −además de oportunista− no significa que dé por supuesto que mis ideas son buenas, ni siquiera que los momentos que elijo sean los mejores. Pero ahí voy.

Toda esta teoría nos lleva a estas jornadas. Fue entonces, junto con *Criaturas criminales y cómo encontrarlas* cuando pasé de ser un mero idealista que moría de asco ante tan poca oportunidad, a un oportunista que dejaba atrás tanto pesimismo y queja, y se embarcaba en la aventura que supone dar vida a un proyecto. Y este no era grande, precisamente. Se trataba de una pequeña reunión de profesionales que intentarían vislumbrar de qué modo un criminólogo posee cabida en el mundo laboral.

La sorpresa fue más que grata al descubrir, no sólo la disposición de ponentes y asistentes a unirse a mí, sino cómo de satisfactorio fue el resultado. De repente, poseía profesionales de seis o siete ámbitos distintos dispuestos a contar su experiencia o compartir su conocimiento. De igual manera, me encontré con asistentes muy lúcidos y carentes de vergüenza a la hora de cuestionar cada punto.

Es en ese momento cuando uno se da cuenta de que ser oportunista, del tipo bueno, es lo mejor que existe en este mundo, sobre todo si posees −como *idealista*− una gran cantidad de ideas que compartir, construir o a las que dar vida.

¿Y sabéis cuál es la conclusión más importante que saqué de ello? Que con una carrera como la nuestra, una profesión como la nuestra, o te busca las mañas o te quedas en casa llorando las penas.

Esas jornadas supusieron el momento en que dejaba de llorar y me ponía las pilas. Obviamente, y a partir de ahí, el gasto en pilas es considerable, pero, una vez puesto y con convicción, ya os aseguro que no habrá quien os pare.

Javier Muñoz Chumilla

PROYECCIÓN PROFESIONAL DEL PERITO CRIMINOLÓGICO

UNA PROPUESTA REALISTA

SALVADOR RUIZ ORTIZ. DOCTOR EN CRIMINOLOGÍA UMU.

INTRODUCCIÓN

Los estudios de Criminología se han impartido en España desde hace más de dos décadas. Durante ese periodo, han experimentado una profunda transformación que ha culminado con su integración académica como Grado, en igualdad de condiciones que el resto de titulaciones, si bien su implementación laboral no ha llegado a despegar.

Desde que comencé el proceso formativo, a finales de los noventa, se viene repitiendo la utilidad de la Criminología como ciencia en distintos ámbitos sociales: Policía, Instituciones Penitenciarias, Juzgados, asesoramiento a abogados, mediación..., si bien únicamente se ha producido una tímida salida profesional en el mundo académico para aquellos que hayan tenido la suerte de que otros, consolidados profesores universitarios, les escogiesen. En toda mi trayectoria universitaria, que se dilata más de diecisiete años, no he tenido ni un solo profesor que sea criminólogo, ni siquiera que ostentase un título no oficial en Criminología.

Aunque pueda parecer una crítica, en realidad no lo es. Cuando se comenzaron a poner en marcha estos estudios no existían, por razones obvias de novedad, titulados universitarios ni profesionales de la Criminología, por lo que se dotaban de expertos en distintas ramas del conocimiento orientando su saber al concreto objeto de estudio. Hoy en día sí los hay, aunque su presencia suele ser meramente anecdótica y, por regla general, no cuentan con experiencia laboral específica, por lo que difícilmente podrán enseñar a ejercer una profesión que nunca han ejercido.

Esto representa un serio hándicap para los nuevos estudiantes y para los recién titulados, cuyo perfil ha variado mucho con respecto a los primeros alumnos, pues se encuentran con un futuro laboral incierto al que han de enfrentarse con experiencia cero. Ante esta situación, se hace necesario ofrecer una proyección profesional realista, la cual pasa inevitablemente por innovar con valentía, aprovechando al máximo toda oportunidad y haciendo valer sus conocimientos mediante actuaciones serias, oportunas y con el mayor rigor científico. Además, cada pequeño paso que se vaya dando ha de ser publicitado, pues su divulgación se perfila como el mejor mecanismo tanto para quienes deciden hacer de la Criminología su profesión, como para aquellos que puedan resultar demandantes de la misma.

PRIMERAS EXPERIENCIAS

Ante la ausencia de una parcela laboral definida y con la firme convicción de la utilidad intrínseca que posee la Criminología en una sociedad tan compleja, decidí aventurarme haciendo propuestas de diversa índole a abogados, policías, detectives privados e incluso a particulares.

El resultado fue una primera solicitud de parte, en la que un abogado me solicitaba la emisión de un informe de tipo psicosocial en un caso de imputación (entonces se denominaba así) de cultivo de *cannabis sativa*, pues parece que el calado que ha trascendido de la utilidad de la Criminología gira en torno a este tipo de análisis. Tras examinar las diligencias se consideró que no resultaba práctico, pero se advirtieron otras líneas de investigación pericial más realistas y útiles, desde un prisma científico-criminológico. Como consecuencia de ello, redacté mi primer informe, con grandes dudas sobre su repercusión procesal, si bien el resultado fue sorprendente, tanto para la defensa de los acusados como para mí, pues jugó un papel importante en su absolución, pese a quedar demostrado que poseían 176 ejemplares de esta variedad vegetal.

Meses después, el mismo abogado volvió a solicitar mis servicios como criminólogo. Esta vez versaba sobre la identificación de un presunto atracador (acusado de robo con intimidación con arma blanca). Reiteraba su idea del informe psicosocial, dadas las características prosociales que presentaba el acusado. De nuevo se optó por huir de esta idea e indagar en una alternativa más científica. La elaboración del informe fue laboriosa, pues el volumen de diligencias a analizar era extenso, más de 90 páginas, si bien se redujo su esencia en una tabla de doble entrada que ocupaba medio folio. En ella se concentraban las vicisitudes de los medios de identificación del sospechoso por parte de los distintos testigos, concluyendo que resultaba más precisa la identificación de aquellos que no había participado en la identificación fotográfica que los que sí lo hicieron. El resultado fue un retracto de la víctima, en el acto del juicio oral, sobre la identificación realizada, pues consideró que había errado involuntaria e inconscientemente en la identificación de su agresor por presiones externas.

El siguiente caso procede de una solicitud particular. Un conocido solicita intervención pericial criminológica sobre el informe y las grabaciones de vídeo aportadas por un detective privado, en relación a sospechas de infidelidad. Aportó tres DVDs con numerosas secuencias, a través de las cuales el detective pretendía aportar "pruebas" de la presunta traición amorosa. Sobre este material se realizó un análisis secuencial describiendo, de modo objetivo, el significado de cada una de ellas, detectando el número y localización de los distintos medios de grabación, en los que se encontraron numerosas incongruencias y falta de rigor investigatorio. Resultado: matrimonio feliz por ausencia de pruebas. ¡Allá ellos!

También se han elaborado varios dictámenes periciales sobre atestados policiales por accidentes de circulación. En el primero de los casos era tal la conjugación de imputaciones (atentado, conducción temeraria y bajo la influencia de bebidas alcohólicas) que de por sí resultaba muy compleja la intervención pericial. Tras examinar el expediente se determinó que sólo se podría actuar sobre la conducción temeraria, argumentada policial y exclusivamente en base a una excesiva velocidad subjetiva. Resultó en la conformidad del acusado con la retirada de la acusación por conducción temeraria y admisión de la comisión de los demás delitos, mediante acuerdo con la Fiscalía.

En otro caso, éste en el ámbito civil y derivado de un accidente de tráfico, se determinó que el contenido del atestado policial no reflejaba fehacientemente lo que demostraban objetivamente los daños en los vehículos, la señalización del escenario y las directrices de la normativa de seguridad vial. Resultado, allanamiento de la compañía aseguradora.

Hasta ahora los éxitos, pero también se han dado peticiones en las que, tras examinar los respectivos expedientes, se ha optado por la inviabilidad de la emisión de un informe favorable. No se ha de olvidar que la actividad pericial está sujeta a la más absoluta objetividad, pues de lo contrario, además de poder incurrir en responsabilidad criminal, supone un desprestigio personal para la ciencia o disciplina que represente el perito.

Por último, a modo anecdótico pero muy interesante, se ha puesto en marcha en el municipio de Murcia, desde 2014, un proyecto piloto sobre evaluación de la reincidencia en materia de seguridad vial. Nace a iniciativa de la Jefatura de la Policía Local de Murcia, el Fiscal Especial de Seguridad Vial y el Fiscal Coordinador de Sala de la Fiscalía General del Estado. Hasta la fecha se han emitido cerca de 40 informes criminológicos, personándonos como peritos de la Fiscalía en los procedimientos judiciales, en los que se predice el riesgo de reincidencia basado en criterios científicos, a través de un instrumento de evaluación creado por un grupo de investigadores de la Policía Local de Murcia. Los resultados preliminares indican que el impacto jurisdiccional es alto, teniendo en cuenta que, además de ofrecer un nivel de riesgo, se pronuncian sobre la idoneidad de las consecuencias jurídico-penales que, en base a argumentos científicos, resultarían más idóneas para cada individuo en concreto.

CONCLUSIONES

La Criminología tiene un espacio propio en la sociedad,

más allá de las meras declaraciones programáticas que se exponen en los congresos, jornadas, publicaciones y otros instrumentos de divulgación. Lo cierto es que no existe una "alfombra roja" tras la obtención del título, sino que es preciso un abordaje decidido por parte de los criminólogos para demandar su espacio en el ámbito laboral, pues poseen una formación que resulta útil.

Esto sólo se logra con actitudes proactivas, demostrando que podemos aportar explicaciones sistémicas con proyección práctica real. Para ello es necesario adoptar una actitud de investigación innovadora, basada en el método científico, aprovechando la *multidisciplinariedad* del conocimiento criminológico.

Por último, la apuesta del Ministerio Fiscal por la Criminología se erige como una gran oportunidad para la proyección de esta ciencia en el mundo real.

LA CRIMINOLOGÍA EN LA GESTIÓN DE LAS POLÍTICAS LOCALES

SHAILA VILLAR GARCÍA. PRESIDENTA SECRIM. COORDINADORA IN-PRETEPA.

"Cuando nada es seguro,

todo es posible".

Margaret Drabble

PREVIO

Desde la Sociedad Española de Criminología T.S.U (SECrim), queremos agradecer a la organización de las I Jornadas de Criminología Aplicada celebradas en Murcia, la invitación para participar y compartir reflexiones profesionales, estudiantiles y criminológicas.

No queremos dejar pasar la oportunidad de aplaudir la iniciativa y el tiempo dedicado por parte de la organización de estas jornadas a dar forma a una idea que debería repetirse por todo nuestro país: es necesario y fundamental para seguir avanzando.

Pese a que se nos plantearon temáticas concretas en el esfuerzo de ilustrar, en un foro plural, algunas posibilidades existentes en la aplicación de la Criminología a la realidad social, preparando y organizando el contenido, tanto de la ponencia presencial, como la de esta pequeña participación, se vio la oportunidad de explicar algo más que una experiencia personal, así que a la hora de planificar esta aportación se ha realizado un 3×1: una vía de intervención y de inserción para la Criminología Aplicada, explicar la línea de trabajo de SECrim y, por último, unos breves recursos de orientación.

Para SECrim ha sido un placer poder colaborar y apoyar esta iniciativa, al tiempo que esperamos que sea sólo la primera de muchas ediciones.

INTRODUCCIÓN

Hace unos años, en los espacios para el debate criminológico, la frase de oro en relación a la aplicabilidad de nuestra disciplina a la realidad profesional y laboral era *"lo tenemos todo por hacer"*.

Es una afirmación con la que se puede coincidir o no; se le pueden poner matices. En la Sociedad Española de Criminología T.S.U (SECrim) somos de los que pensamos que *"hay muchas cosas por hacer"*, pero ya tenemos un importante camino realizado.

Es curioso que, pese a esta necesidad (e incluso obligatoriedad) de delimitarnos y auto-definir nuestras vías de desarrollo profesional, existan una serie de recursos donde se analizan punto por punto las posibilidades profesionales de nuestra disciplina. Estas líneas, fueron asumidas por las universidades de todo el país, y todavía en la actualidad, pese a que no son 100% accesibles a toda la población universitaria que se titula en Criminología, siguen apareciendo como salidas profesionales.

Las primeras promociones de quienes optamos por la Criminología como estudios propios hemos aprendido: estamos analizando posibilidades y alternativas a lo que se nos marcaba como realidad profesional inmediata, y trabajamos para que se materialice lo antes posible, sumando variables que se están recibiendo con gran interés por parte de las administraciones locales.

Con estas líneas se pretende destacar que muy posiblemente las salidas profesionales que se nos dictaban desde los organismos oficiales y representativos llegarán, pero el trabajo pendiente para que esto pase no será sencillo ni fácil.

Perfilando nuestras posibilidades, y viendo las necesidades en la sociedad actual, una de las apuestas más factibles a medio-largo plazo, con ejemplos ya patentes -aunque todavía muy escasos para afirmar que es un objetivo cumplido-, es la inserción profesional en el ámbito de la Administración Local. Propuesta que no es nueva, pero como viene sucediendo en los ámbitos confirmados y propuestos como salidas laborales para nuestra inserción, quienes deben conocer la existencia de nuestra disciplina -y de sus profesionales-, normalmente la desconocen por completo.

LA SEGURIDAD COMO POLÍTICA TRANSVERSAL. PINCELADAS SOBRE LA ADMINISTRACIÓN LOCAL

La primera cuestión a tratar, y la que intentamos plantear en las diferentes actividades relacionadas con la Criminología urbana: *¿Te interesa la política? Sí/No.*

Es curiosa la respuesta ante esta pregunta, dependiendo del foro: nunca es la misma. La suspicacia en ocasiones aflora, y el temor de ser ´etiquetado´ como activista político en su sentido nocivo, hace que los asistentes se sientan inquietos, por lo que deciden contestar que no les interesa la política mientras se miran entre sí. En otros espacios de debate, sin embargo, la respuesta es una potente afirmación. Y es que, en nuestra sociedad, la palabra *política* lleva adosada conceptos y realidades demasiado negativas.

Debemos perder el miedo a este concepto, ya que desde la Criminología hacemos política en todo momento:

- Si nos estamos formando, nos cuestionamos las realidades y proponemos/imaginamos alternativas a los problemas que se nos plantean.

- Si somos profesionales, una de nuestras misiones, es modificar elementos que resultan perjudiciales a personas concretas y/o a colectivos.

Gracias a nuestra disciplina, podemos hacer política sin necesidad de ser activista o persona afiliada a ningún partido. Intervenimos en la realidad social, con proyectos de investigación o de intervención, directamente relacionado con la sociedad.

Hablemos ahora sobre nuestra área de intervención en la administración local que tradicionalmente se ha relacionado directamente con el área de seguridad; pero, ¿seguridad es la única área a la que nos tenemos que limitar? O, por el contrario, ¿tenemos posibilidades en otras competencias municipales?

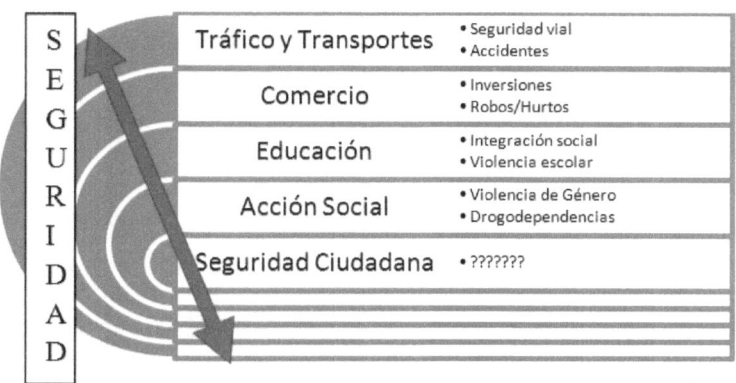

Figura 1. Transversalidad de la seguridad en políticas locales[1]

Todas las intervenciones políticas a nivel municipal, de cualquier concejalía sea el municipio que sea, siempre tienen un pequeño apartado de seguridad y prevención: pequeño y en un segundo plano.

Como podemos observar en la Figura 1, diferentes áreas o concejalías, tienen un reflejo de políticas sociales relacionadas con la protección, prevención y seguridad, a las que podríamos añadir otras tantas: Accesibilidad, Juventud, Protección Animal, Deportes, Igualdad, Etc. Un claro ejemplo de seguridad más allá de la concejalía de seguridad.

Si queremos prevenir, si además encontramos la voluntad política de apostar por intervenciones criminológicas frente a posibles problemas sociales, debemos dotar de un perfil trasversal a la parte de Seguridad ciudadana, sin olvidar sus competencias propias. Ahora mismo, en general, sus tareas más relevantes son: Tráfico, droga a pequeña escala y orden público. Se debe, y se puede, aumentar las tareas y las especialidades de actuación, además de complementar las actividades de control llevadas a cabo por la Policía Local, con propuestas que surgen desde el trabajo técnico y complementario a la actuación policial.

Debemos hacer un esfuerzo para explicar en qué consistiría nuestra aportación al trabajo técnico municipal. La experiencia nos dice que no basta con presentar nuestro perfil formativo y remarcar la importancia de introducir el papel de la Criminología en los equipos técnicos. Hay que adaptarse a la realidad del territorio en el que nos encontremos, y dar respuestas, además de soluciones, a las necesidades que se nos presenten.

El siguiente paso es la necesidad de antecedentes y de ejemplos prácticos que reafirmen nuestras peticiones de integración en las plantillas municipales. Una posibilidad, odiada y alabada a partes iguales, son las prácticas formativas: ahora bien, esas prácticas deben seguir la línea de dar una solución y una respuesta a la realidad. Igual parece una idea lógica, pero durante los meses en los que hemos estado profundizando en esta línea de trabajo en SECrim, nos hemos encontrado con responsables de seguridad que, habiendo acogido practicas, no les veían fundamento, puesto que la solución a los planes y proyectos que se presentaban era siempre necesitamos más policía.

Es obvio que es un ejemplo –real– que no podemos generalizar, pero debemos enseñar (y debemos aprender) a desarrollar propuestas que, y volvemos a repetir, den una solución real a las necesidades del territorio. En un paso posterior evaluaremos si han funcionado o no; frente a la escasez de recursos en el ámbito municipal, consciente de que debemos trabajar con las herramientas y metodologías que disponemos.

Y esta última reflexión nos lleva al siguiente nivel: además de prácticas y voluntariado en entidades, ¿hay futuro?

¿POSIBILIDADES REALES DE INSERCIÓN LABORAL EN LA ADMINISTRACIÓN LOCAL?

Figura 2

En la actualidad, tenemos una realidad económica municipal estancada debido a la crisis económica y a los ajustes impulsados desde el gobierno central. Es decir, todo lo relacionado con las inversiones económicas fuera de guión suelen ser nulas, o bastante complicadas. Ejemplo: no se pueden crear nuevas plazas. Esto no es sinónimo de que no existan posibilidades de cambio en la contratación municipal.

Siguiendo con la Figura 2, comprobamos una serie de elementos que pueden ser interesantes a la hora de orientar el análisis de la integración laboral en la administración local.

a) Política.

Es importante recordar que en nuestro país sólo se ha convocado una plaza de criminólogo, en Benidorm.

Uno de los factores fundamentales para que nuestra situación empiece a cambiar es la voluntad política: partimos de la base de que no se pueden convocar nuevas plazas, pero, ¿y la renovación de las existentes?

Luego, hemos sido testigos de promociones, ascensos o innovación en unidades/departamentos, gracias a la criminología; paso muy importante, y valoración necesaria de nuestra disciplina, pero no debemos confundirlo con la creación de plaza/puesto de criminólogo-criminóloga.

Y finalmente, existen las plazas genéricas, a las que se puede optar cumpliendo el requisito de estar en posesión de Licenciatura/Grado. Pero lamentablemente, como el puesto sea un poco más específico, y aunque se aprecie similitud con el CV formativo de la Criminología, se adaptará a una serie de titulaciones. ¿Son estas titulaciones inamovibles? En realidad, no.

b) Procesos selectivos.

Como comentábamos, lo relacionado con el empleo público ha sufrido un importante parón, existe movimiento. El problema con el que nos solemos encontrar es que en ocasiones la normativa de las convocatorias de empleo, concursos e incluso de prácticas, becas, etc., simplemente recupera el documento de la edición anterior:

seguro que habéis oído o leído sobre las denuncias que desde SECrim hemos realizado cada año a determinadas convocatorias que siguen sin incluir Criminología entre posibilidades o requisitos, pese a ser totalmente compatible con la oferta. No se trata de casos de exclusión, se suele tratar de desconocimiento y no actualización de las bases.

Hemos observado algunas convocatorias que en algún momento sí han dado acceso a Criminología, pero años no correlativos; en este caso, también hay que tener en cuenta las necesidades del ente convocante.

Si la Administración no conoce nuestro perfil y posibilidades (y sí, hay administraciones que nos desconocen por completo, damos fe de ello), no se nos incluirá en las propuestas que exponemos, que defendemos y por las que tanto trabajamos. Por ello, vemos necesario el proceso de difusión e información constante y adaptada a cada organismo con el que tenemos posibilidad de reunirnos.

c) Proyectos concretos.

Existen los también llamados servicios externalizados: servicios que dependen directamente de la Administración, pero que por diferentes motivos no son ejecutados por ella misma y se opta por un tercero para que preste el servicio: empresa, asociación, autónomo, etc.

Es ahí donde existe una oportunidad interesante de ejercer bajo el paraguas de la Criminología. Existen los grandes concursos públicos, o los proyectos menores: todo dependerá de los requisitos de la convocatoria y de nuestras posibilidades de dar respuesta a esa oferta.

Aunque la Administración puede ser compleja de entender, y tampoco queremos entrar en detalles técnicos o complejos, dejamos pinceladas de posibilidades a la hora de actuar y, sobre todo, de interactuar con quienes al final toman las decisiones en la gestión pública en el ámbito municipal.

PROYECTOS, ESPECIALIZACIÓN E INNOVACIÓN

En SECrim realizamos cada año el llamado *Seminario Interuniversitario de Criminología*, donde intentamos mostrar una serie de experiencias llevadas a cabo por criminólogos y criminólogas, destacamos la importancia del trabajo en red con otras disciplinas, y damos la oportunidad a estudiantes y profesionales de nuestra ciencia de compartir en un foro abierto y multidisciplinar sus ideas, proyectos, propuestas o investigaciones. El primer año lo organizamos en Alicante, el segundo en Barcelona y este 2016, lo realizaremos en Salamanca.

Durante estos años nos hemos dado cuenta de la importancia de la necesaria especialización. Formarnos y ampliar nuestro conocimiento en aquellas áreas que nos parezcan de interés.

Sabemos, somos conscientes e incluso sufrimos las dificultades de ampliar formación y conocimientos tras el esfuerzo – en todos los sentidos- de terminar un Grado/Licenciatura. Por ello, una de las primeras propuestas que hacemos es motivarnos en los trabajos y proyectos que se nos presenten durante el Grado/Licenciatura. Apuesta por innovar.

Tuvimos un comentario que nos decía *"¡Menos TFMs y más Criminología!"*. Como cualquier opinión, la respetamos y es totalmente legítima, aunque nos gustaría dejar constancia que en Criminología, un TFG o TFM, o incluso un trabajo de una asignatura concreta, puede ser la puerta al camino profesional en el que quieras embarcarte. No es hablar por hablar, tenemos constancia de ello, lo hemos sufrido y nos motiva a seguir trabajando en esta materia gracias a esta experiencia y reflexión.

Es importante la orientación entre lo científico y lo profesional: tener una persona como referente (tutorizando/dirigiendo/asesorando), implicada y capacitada para dar herramientas y consejos para la correcta proyección del proyecto. Por otro lado, también es interesante tener una guía en el lado de la práctica, cumpliendo la misma función que la primera figura, pero ayudando a adaptar la teoría a la realidad, en definitiva, que sea un proyecto pragmático y con facilidades de implantación.

Estas pautas pueden suponer un gran esfuerzo para la persona que intente llevarlo a cabo, pero tenemos constancia, y esto es importante ya que a raíz de estas iniciativas, TFG y TFM, se han subvencionado pequeños proyectos teniendo a la Criminología a la cabeza, para su implantación y orientación.

"*Sí*", seguiremos apostando y animando a estudiantes y personas tituladas a que sigan ampliando conocimientos y que, sobre todo, busquen la parte práctica de aquello que les gusta. Un TFM puede ser tan valioso como la mejor ponencia teórica de nuestra disciplina. Ya no hablamos de lo que "*podría ser*" en Criminología, o lo que en "*algún momento llegará*", hablamos de lo que ya está pasando y siendo una realidad, con la que debemos trabajar y difundir para que otros ayuntamientos y administraciones imiten e implanten.

Creemos en lo que hacemos y nos ponemos a vuestra disposición.

BIBLIOGRAFÍA RECOMENDADA

- Ayuntamineto de Alicante (1988) *Estudios municipales: La seguridad ciudadana en el Municipio de Alicante.* Alicante: Estudios municipales.

- Ayuntamiento de Madrid (2003) *Madrid. Plan de Barrio. Orcasur.* Madrid.

- Carlen. B. (1998) Insecurity complex,*California Lawyer,* 85.

- Clarke, R. V. (1997) *Situational Crime Prevention: Successful Case Studies.* Nueva York, Harrow, 1-43.

- Cohen, L.E. y Felson, M. (1979) Social Change and Crime Rate Trends: A Routine Activity Approach. *American Sociological Rewiew,* 588-608.

- Curbet, J. (2010) *La gestión de la seguridad ciudadana.* Barcelona: UOC.

- Deloitte (2012) *Plan de competitividad Alicante 2020.* Alicante: Deloitte, 126-128.

- Eck, J. E. (2002) Preventing Crime at Place. *Evidence- Based Crime Prevention,* 241-294.

- Foro Europeo para la seguridad urbana (2008) *Guía sobre las auditorias locales de seguridad.* Ottawa. Sécurité Publique Canada, 2008.

- Garland. D. (2012) *La cultura del control. Crimen*

y orden social en la sociedad contemporánea. Barcelona: Gedisa, 2012.

- Gonzalez Placenc, L. (2002) *Ciudades Seguras V: Percepción ciudadana de la inseguridad.* México: Política y derecho.

- Jacobs, J.(1973) *Vida y muerte en las grandes ciudades.* Madrid: Península.

- Marcus. M. (2004) Políticas de reducción de la inseguridad en Europa. *Política de seguridad ciudadana.* BID y Universidad A. Hurtado. Europa y América Latina: Lecciones y desafíos. Gobierno de Chile, 2004, 33-158.

- Newman, O. (1972) *Defensible Space: Crime Prevention Through Urban Design.* New York: MacMillan.

- Oncina et al. (2013) *Barris Desolats.*

- Paulsen, G. (2005) *Claves para el buen gobierno de la seguridad.* Valparaíso. Red 14 URB-AL.

- Sampson. R. (2012) Vecindario y comunidad, eficacia colectiva y seguridad ciudadana. *Convivencia ciudadana, seguridad pública y urbanismo. Diez textos fundamentales del panorama internacional.* Barcelona: Fundación Democracia, Gobierno Local y Diputación de Barcelona.

- Securcity (2006) *Good practice guide.* Securcity network Urb-Act: ERDF.

- Serrano, A. (2006) *Introducción a la Criminología.* Madrid. Dykinson, 4º edición, 289-294.

- Serrano. M. (2010) *El Pla duerme intranquilo.* Distrito 1. Alicante.

- Stangeland. P; y Garrido. M. J. (2004) *El mapa del crimen.* Valencia. Tirant Lo Blanch- IAIC.

Notas

1. Fuente. Elaboración propia.

ANÁLISIS CRIMINOLÓGICO DE LOS ACCIDENTES DE TRÁFICO EN EL MUNICIPIO DE LA UNIÓN DURANTE EL AÑO 2013, REGIÓN DE MURCIA

JUAN LUIS SEGADO CERVANTES. POLICÍA LOCAL DE LA UNIÓN. LICENCIADO EN CRIMINOLOGÍA. ESPECIALIZADO EN PREVENCIÓN Y SEGURIDAD VIAL.

Debido al gran número de desplazamientos que se realizan diariamente en el medio urbano, y dado que este es el inicio y el fin de todo desplazamiento interurbano, la ciudad presenta un riesgo elevado de ser escenario de algún tipo de accidente vial. Ya que cada municipio tiene sus particularidades geográficas, demográficas y socioeconómicas, así como unas pautas de movilidad concretas, habrá que conocer como estas afectan a la seguridad vial.

Este trabajo pretende evaluar la situación y las necesidades del municipio de La Unión, identificar los problemas relacionados con la accidentabilidad vial y las causas que los producen, para así poder crear propuestas conforme a la evaluación y reducir la accidentabilidad, mejorar la seguridad vial del mismo, protegiendo a sus habitantes y aumentando la calidad de vida de estos.

Sin lugar a dudas este estudio representa una imagen en

un momento dado, una fotografía, siendo necesarias dos o más de ellas para obtener tendencias y evoluciones.

EL MUNICIPIO DE LA UNIÓN, ZONA URBANA

Los datos se asemejan a resultados de otros estudios que muestran que un incremento de la actividad económica, en las vías urbanas, conlleva una mayor densidad del tráfico, lo que provoca una mayor accidentabilidad motivada por la movilidad existente en los núcleos urbanos.

En España el 55% de los accidentes y el 46% de las victimas se producen en zona urbana. La probabilidad de sufrir un accidente en vías urbanas es mayor que en carretera por la mayor exposición dada. Un ciudadano medio, usuario de automóvil, al cabo de la semana realiza como mucho una salida de fin de semana fuera de la ciudad. En cambio, cada día laborable efectúa dos o más trayectos en su coche por vías urbanas y metropolitanas (Mataix, 2010).

Así, uno de los parámetros fundamentales que se estudia en las condiciones y circunstancias de accidentabilidad es la densidad del tráfico, entendiéndola como el cómputo de vehículos que transitan en un momento determinado por un tramo concreto y comprendido por unos factores.

- Por sexo. En cuanto a hombres y mujeres, son los hombres en un 75,55% los que se ven implicados en un accidente de tráfico y tan solo en un 24,45% las mujeres. Si atendemos a la responsabilidad, determinada en los partes de accidente elaborados por los Agentes de Policía Local, se establece que los hombres la poseen en un 85,87% de los casos y las mujeres tan solo en un 14,13%.

Es cierto que las mujeres ocupan menos puestos de trabajo en los que se den desplazamientos en vehículo (p.e. Repartidores), y que el marido suele ser el que conduce el vehículo en las salidas conjuntas. Según un estudio realizado por el Servicio de Estudios de la Fundación Mutua Madrileña, publicado en 2011 y dirigido por Jesús Vegas Asensio, se concluye que las mujeres tienen menos accidentes de tráfico, que conducen mas tarde y dejan de conducir antes.

- Por edad. Las franjas de edad tanto en implicados como en responsables, ya sean hombres o mujeres, tienen una tendencia similar, bajísima representación en la franja de 0-14 años, aumentando notablemente de 15-24 años, y esta tendencia continúa hasta su valor más alto en la franja de 35-44 años, volviendo a descender en la franja de 45-54 años, y prosiguiendo dicha bajada hasta casi la inexistencia en la franja de 75 y más.

- Por tipo de accidentes. La colisión fronto-lateral es el modo más típico, con un 32,25%, dato coincidente con las estadísticas a nivel nacional.

- Por tipo de vía predominan los accidentes en vías rectas y en cruce de vías.

- Por día de la semana y mes. En cuanto al día de la semana, observamos que los días laborables son los más accidentados, y los fines de semana los menos. Comprobamos que el día con mayor número de accidentes es el viernes (coincide con estudios a nivel nacional) y el martes. Esto se debe en parte a la gran cantidad de visitantes de zonas cercanas que recibe el municipio de La Unión, al tener lugar en este día, desde las seis de la mañana hasta las dos del mediodía, el mercado semanal. En un recinto cerrado junto a C/. *Siete de marzo* se encuentra el mercado donde se vende fruta y verdura, y en la C/. *Mayor* del municipio aquel que vende todo tipo de productos. En las calles adyacentes estacionan camiones y furgonetas que, sumado al limitado espacio de estacionamiento y la estrechez de las calles, aumentan la probabilidad de producirse accidentes.

- En relación al día de la semana, un informe de la DGT señala que es durante los días laborales cuando más accidentes se producen, justo lo contrario que en los accidentes no urbanos. Similares resultados se obtiene en diversos estudios (Tapia, 1998; Wolf, 1995).

- En cuanto a meses, en enero, marzo, mayo, junio, septiembre, noviembre y diciembre, hay una *accidentabilidad* similar, de entre 12 y 14 accidentes al mes. En febrero tan sólo hay 8, pero también este mes cuenta con tan sólo 28 días. En lo referente a los meses de verano: julio con 10 y agosto con 6. Se detecta una disminución de accidentes considerable, coincidiendo con la gran cantidad de vecinos del municipio de La Unión que tiene casa de verano en zonas costeras cercanas, como son *Portman*, La Manga, Los Urrutias, Los Nietos, Los Belones, etc., por lo tanto, hay menos población.

A nivel nacional hay más siniestros en verano, pero en las zonas de veraneo. Son interesantes los meses de octubre y abril, con tan solo 7 y 5 accidentes. Durante estos meses se llevan a cabo las fiestas del Rosario en la localidad, con una duración de diez días, y Semana Santa, teniendo variadas actividades desde el mediodía o la tarde hasta altas horas de la madrugada. Es por ello que las calles principales permanecen cortadas al tráfico, por lo que el tráfico disminuye en estas zonas, identificadas como aquellas donde más accidentes se suelen producir el resto de los meses. También son periodos de festividad aprovechados para viajar.

Entre los meses de enero y abril, en el periodo de tarde-noche, se producen uno o ningún accidente, pudiendo deberse a las bajas temperaturas de estos meses y la disminución del tráfico y peatones en las calles. Aumentando los accidentes durante esas horas en los meses de mayo a julio.

- Por zonas. Se observa que existe una concentración de accidentes en las zonas 8, 7 y 9, zonas comerciales, en la zona 8, es decir, la zona peatonalizada, donde no hay aceras protectoras para los peatones y los vehículos estacionan en su zona de paso, teniendo estos que caminar por la reservada para los vehículos. Existen bolardos para proteger a peatones y viviendas, produciéndose en ocasiones roces con los vehículos dado que los balcones son muy bajos. Es una zona caracterizada por multitud de cruces en cruz, los espejos que ayudan a visualizar suelen sufrir actos vandálicos.

Aquellas zonas son seguidas en concurrencia por la zona 7, una amplia zona que incluye grandes avenidas donde circulan gran cantidad de vehículos como Avenida Cartagena, Carrera de Irún, y calles estrechas y pequeñas, en su mayoría sin señalizar; y de la zona 9, una zona que incluye dos de las Calles más concurridas (Calle Mayor y Calle Sor Virtudes). También alberga calles estrechas y pequeñas.

En las zonas más comerciales o con mayor actividad de negocios es donde existe un mayor número de accidentes, en comparación con zonas más alejadas o zonas comerciales, y que tienen una función más residencial. La densidad de tráfico influye notablemente en dichas zonas, y por supuesto la correlación con los tramos horarios (Tapia, 1998; Hickman y cols. 2003; Hanowski y cols. 2008).

Estudios como los de Wolf (1995) hacen referencia a este efecto. Así, indican que existe una correlación entre el mayor número de accidentes y la mayor actividad económica de la zona.

Una de las teorías más prometedoras de la criminología ambiental es la teoría de las actividades rutinarias o también llamada teoría de la oportunidad, formulada en 1997 por Lawrence Cohen y Marcus Felson. En ella establecen una nueva conceptualización del delito a partir de los elementos de oportunidad y de ausencia de controladores eficaces, tanto de carácter formal como informal.

En sus actividades de cada día, las personas se ven obligadas a desplazarse en coche o transporte público lejos de sus viviendas y propiedades para asistir a sus trabajos, llevar y traer a los niños al colegio o ir a comprar (Serrano Maíllo, 2009).

En la sociedad moderna se producen importantes cambios en la actividades cotidianas, entre otras cosas por los permanentes desplazamientos de un lugar a otro y el continuo movimiento de vehículos (Garrido, Redondo y Stangeland, 2006).

Por último, por lo que se refiere a las oportunidades para delinquir, probablemente no puede aducirse que todas las personas expuestas a tentaciones delictivas semejantes estén igualmente dispuestas a cometer delitos. Sin embargo, los estudios de Criminología ambiental informan de que existe una relación directa entre mayores oportunidades delictivas y mayor delincuencia, y entre menores oportunidades delictivas y menor delincuencia (Barr y Pease, 1990; Brantingham y Brantingham, 1991, 1993; Clarke, 1993, 1994; Felson, 2002, 2006; Stangeland, Díez Ripollés y Durán, 1998).

CONCLUSIONES

Primera.– La adopción de medidas para la prevención de accidentes requiere de estudios pormenorizados de las diferentes variables implicadas en la producción del accidente.

Segunda.– La investigación de los accidentes de tráfico debe realizarse por personal formado y experimentado en la instrucción de diligencias.

Tercera.– Es necesario un sistema de información de los accidentes de tráfico para la recogida, procesamiento y análisis de la información para diseñar, planificar, revisar y actualizar las medidas preventivas.

En la actualidad se está incorporando en la Policía Local de La Unión el programa informático ARENA 2, siendo este un sistema de captura, almacenamiento y gestión de la información sobre accidentes para la D.G.T., que permite la elaboración de estadísticas e informes sobre siniestralidad.

Cuarta.– La siniestralidad del municipio de La Unión se encuentra por debajo de los parámetros de siniestralidad publicados por la D.G.T, al no haber tenido ningún fallecido ni herido grave durante el año 2013.

Quinta.– Comparando con los años anteriores se ha comprobado el descenso de los índices de siniestralidad, concretamente desde el año 2007 hasta el año 2013 en el municipio de La Unión, como consecuencia de las medidas adoptadas y la mejora de la red viaria.

Sexta.– Es necesaria la creación de un consejo sectorial para la convivencia y seguridad vial como un órgano que vigile y ponga en marcha estudios relacionados con la prevención de la accidentabilidad.

Séptima.– Es necesaria la implantación de un Plan Integral de Seguridad Vial, del que carece la localidad de La Unión, en el que se han de incluir aspectos relacionados con la conducta de los usuarios, las características de los vehículos, la mejora de la red vial y gestión del tráfico, la seguridad en el transporte de mercancías y viajeros y la asistencia a víctimas.

Octava.– Se observa una carencia de señalización en gran parte del término municipal, siendo aconsejable su reposición al menos en los lugares donde hay una mayor accidentabilidad.

Novena.– En la zona 8 es donde mayor accidentabilidad encontramos, zona caracterizada por ser peatonal, lo que requiere la adopción de medidas de prevención tales como limitar la velocidad, reponer la señalización vertical, reforzar los cruces con marcas viales de ceda el paso y colocar más espejos verticales que ayuden a mejorar la visibilidad.

Décima.- La educación vial constituye el primer paso para la prevención de los accidentes. La impartición por parte de los miembros de la Policía Local de La Unión constituye una herramienta de gran valor. El hecho de que los vecinos de La Unión puedan jugar con sus hijos en un Parque Infantil de Tráfico abierto al público y recrear con ellos situaciones reales también es significativo.

Undécima.– Se debería dotar de más medios técnicos a la Policía Local de La Unión para garantizar una correcta investigación de las causas y circunstancias de los accidentes, como por ejemplo de aparatos *Drogotest*, ya que la plantilla cuenta con dos agentes formados para la realización de pruebas para la detección de drogas toxicas y estupefacientes.

Duodécima.– En todos los atropellos se produjo resultado lesivo, en un 75% de los casos grave y en un 25% leve. No es elevado el número de atropellos pero sí su lesividad, por lo que hay que estudiar pormenorizadamente las causas y revisar las zonas para convertirlas en más seguras para este colectivo.

En ningún paso de peatones durante la entrada o salida del centro educativo se produjeron atropellos debido a la labor de regulación de tráfico que realiza la Policía Local de La Unión.

Decimotercera.– En todos los accidentes en los que estaba implicada una bicicleta hubo un resultado lesivo. En un 100% de los casos fueron graves la lesiones, por lo que requiere adoptar medidas para su evitación.

Decimocuarta.– En los accidentes en los que interviene una motocicleta, en el 57,14% de los casos el resultado fue lesivo para el motociclista, siendo este el tercer colectivo más vulnerable.

Decimoquinta.– Se observa que muchos de los choques resultantes son contra vehículos estacionados, sobre todo en la zona 8, zona peatonal caracterizada por la falta de estacionamiento, por lo que los vehículos se encuentran mal estacionados produciendo dichos choques. Se podrían reutilizar solares que hay en la zona para que estacionaran los vecinos.

Decimosexta.– Se ha observado que los accidentes de tráfico tienen lugar en zonas de actividad económica y zonas comerciales.

REFERENCIAS BIBLIOGRÁFICAS

- Barr, R., Pease, K. (1990) *Crime Placement, Displacement and Deflection.* Berkeley Law Scholarship Repository.

- Brantingham, P.L. (1993) Environment, Routine and Situation: Toward a Pattern Theory of Crime. *Advances in Criminological Theory,* 5:259-294.

- Clarke, R. V., Felson, R. (1993) Routine Activity and Rational Choice. *Advances in Criminological Theory,* Vol 5. New Brunswick, NJ: Transaction Books.

- Díez Ripollés, Stangeland, P. Durán (1998) *El*

blanco más fácil. La delincuencia en zonas turísticas. Tirant lo Blanch, 1998.

• Felson, R., Staff, J. (2006) Explaining the Academic Performance-Delinquency Relationship. *Criminology*, 44: 229-320.

• Fundación Mutua Madrileña (2011) *II Estudio de siniestralidad vial en el colectivo juvenil y sus consecuencias.* Estudios de Seguridad Vial.

• Garrido, V; Redondo, S; Stangeland, P. (2006) *Principios de Criminología*, Tirant Lo Blanch.

• Hanowski, R. J., Olson, R. L., Bocanegra, J. and Hickman, J.S. (2008) Analysis of risk as a function of driving-hour: assessment of driving-hours 1 through 11, Report No. FMCSARRR-08-002, Wash., DC: DoT, 2008.

• Mataix, C. (2010) *Movilidad Urbana Sostenible: un reto energético y ambiental.* Argumentos para la Cultura, 2010. Enlace de acceso: http://www.upv.es/contenidos/CAMU-NISO/info/U0536159.pdf.

• Serrano Maillo, A. (2009) *Oportunidad y delito*, Dykinson.

• Tapia, J. (1998) La reducción del tráfico de automóviles: una política urgente de promoción de la salud. *Rev. Panam Salud Pública*, 3 (3):137-51.

¿CUÁLES SON LAS SALIDAS PROFESIONALES DEL CRIMINÓLOGO?

JOSÉ ANTONIO NÚÑEZ. LICENCIADO EN CRIMINOLOGÍA. DETECTIVE PRIVADO BURÓ DETECTIVES.

¿Quién no se ha hecho esa pregunta en algún momento? A pesar de que el criminólogo como tal no existe en ninguna institución pública o privada, salvo contadas excepciones, esto no quiere decir que no sirva de nada, como se afirma desde ciertos sectores, que, evidentemente, desconocen esta interesantísima ciencia. Se trata de todo lo contrario. Cabe decir que la Criminología es el complemento perfecto para algunas profesiones como puede ser la que va a ocupar este texto.

SOBRE LA FIGURA DEL DETECTIVE PRIVADO

Sería importante en un primer momento distinguir entre: el criminólogo, sin entrar en definiciones técnicas, es en esencia un estudioso, un asesor de todos los aspectos relacionados con la delincuencia.

El criminalista, por otro lado, se encarga de estudiar el delito de forma material (documentoscopia, balística, inspección ocular,...).

El detective privado busca la realidad material de las cosas que se pueden observar y, hoy día, con el avance de las nuevas tecnologías, también cabe destacar la realidad en Internet.

A pesar de que, *a priori*, analizando sus objetos de estudio, la figura del detective no tiene nada que ver con la del criminólogo, es innegable que de la combinación de ambas surgirá un investigador de incuestionable valor debido a que estos necesitan nutrirse de infinidad de materias (Derecho, Informática, Psicología, Sociología, Economía..., toda formación es poca), encontrándose un gran número de estas dentro de la formación del criminólogo.

Comenzando con la figura del detective privado, la Ley 5/2014, de 4 de abril, en su artículo 48.1 establece que será el profesional autorizado, para *"la realización de averiguaciones que resulten necesarias para la obtención y aportación, por hechos privados relativos al ámbito económico, laboral, mercantil, financiero y en general la vida personal, familiar o social. (...) Y los relativos delitos solo perseguibles a instancia de parte"*. Sobre esta definición cabe aclarar dos puntos:

En primer lugar, se debe explicar la expresión *"el profesional autorizado"*. Con esto quiero referirme al inmenso, y cada vez mayor, intrusismo que está afectando a la profesión, y ya no solo por aquellas personas que por el simple hecho de haber sido miembros de las Fuerzas y Cuerpos de Seguridad realizan investigaciones sin la correspondiente habilitación, sino por todas aquellas empresas que se ofrecen como analistas de inteligencia, seguridad internacional, etc. Y es que esto consiste, en esencia, en obtener una información para un particular o una empresa, que no sólo se limita a sentarse en un ordenador y buscar información en fuentes abiertas, algo que sí podrían hacer, sino que también lleva aparejado un trabajo de investigación de campo, el que supone un problema al constituir los detectives los únicos habilitados para llevar a cabo esta actividad. A modo de ejemplo, una empresa desea obtener información sobre la solvencia de otra porque va a iniciar relaciones comerciales con esta, y antes necesita analizar los riesgos que puedan derivarse, sobre todo cuando se habla de grandes cantidades de dinero. Pues bien, cualquier persona puede acceder a fuentes abiertas donde podrán hallar información mercantil sobre la empresa investigada (p. e. Axesor), sin embargo, estos datos no reflejan siempre la realidad, ya que para poder garantizar al cliente los riesgos reales será necesario, además de lo anterior, una investigación de campo que aporte información de proveedores, clientes y trabajadores. Y es esta segunda parte la que sólo puede ser llevada a cabo por un detective privado habilitado.

Otro ejemplo relacionado con esto, y donde la participación de un detective criminólogo sería de gran interés, se da cuando una empresa desea crear infraestructuras en una nueva región, para lo que necesita obtener información para la toma de decisiones corporativas y, en especial, en lo referente a la seguridad. Para ello se han de analizar índices de criminalidad, situaciones geopolíticas y, en general, cualquier riesgo que pudiera menoscabar la seguridad de la empresa y sus empleados.

Resulta evidente que para trabajar con estos datos el criminólogo siempre sabrá desenvolverse de una forma más profesional.

Es necesario un inciso en lo relativo a la perseguibilidad e investigación delitos sólo (valga la redundancia) perseguibles a instancia de parte, existiendo precedentes donde, una vez finalizadas las investigaciones policiales, la parte interesada puede acudir a la figura del detective si considerase que no se han obtenido todas las pruebas o si cree que existen realidades acerca del caso aún por descubrir. Se han dado reaperturas de casos ya cerrados por la aportación de nuevas evidencias por parte de los detectives (p.e. Caso del secuestro de la farmacéutica de Olot que, pese a que la investigación policial seguía abierta, se autorizó la intervención de un conocido detective criminólogo –Colomer-, quien dio un vuelco a la investigación, llegando a la detención de los secuestradores).

Ese mismo detective, Colomer, ha intervenido ya en diversos casos de homicidio y asesinato. Con esto no es necesario ni siquiera aclarar la importancia que puede adquirir el criminólogo para estas situaciones, un detective al que se le autorice realizar este tipo de investigaciones necesita tener unos amplios conocimientos en el campo de la Criminología.

Dicho esto, es obligado centrarse en lo que supone el día a día de un detective y las situaciones en que la Criminología puede jugar un papel fundamental gracias a su carácter multidisciplinar. En nuestra actividad se pueden distinguir diversas fases.

EL CLIENTE

Para tratar con un cliente el detective privado debe tener una gran capacidad, tanto de asesoramiento como de análisis de conductas.

En cuanto al asesoramiento, se trata de un aspecto fundamentalmente legal (legitimidad para solicitar una investigación y conocer los fundamentos jurídicos en que hay que centrar la investigación en defensa de los intereses de estos). Ejemplo:

> Un cliente solicita investigación por custodia de menores porque cree que la mayoría del tiempo sus hijos están con familiares o vecinos. Desconociendo si la ex pareja ha rehecho su vida y vive de forma habitual con una persona puede perder el derecho al disfrute del domicilio conyugal.

En lo referente al análisis de la conducta entra en juego la capacidad del detective de poder identificar factores psicológicos y sociales que motivan al cliente para poder evitar e incluso denunciar futuras conductas criminales (casos de violencia de género). Por otro lado, se ha de ser capaz de distinguir aquellos clientes que pudieran padecer determinados trastornos, como puede ser el caso de los celotípicos, obsesiones compulsivas, etc., evitando así producir más daños a una persona que ya sufre, incluso pudiendo aconsejar en la medida de lo posible. La Deontología del detective entra en juego y no debe pasarse por alto.

ANÁLISIS DE INFORMACIÓN

Una vez se decide aceptar una investigación, se debe tener presente que los datos que nos facilita un cliente no siempre son ciertos, por muy seguro que pueda estar este. Por ello hay que dominar la búsqueda de datos en la red (redes sociales) y en fuentes abiertas tales como registros. El objeto de esto es la máxima optimización de las investigaciones.

ESTRATEGIA

La improvisación es un papel importante en el trabajo del detective, sin embargo, hay que reducir en lo posible situaciones en las que sea necesario improvisar, ya que por regla general los errores cometidos en el transcurso de las investigaciones son mayoritariamente provocadas por la misma. Por ello, se hace imprescindible trazar una estrategia de actuación, conformar los equipos (tanto humanos como materiales) más adecuados, seleccionar los días más propicios para obtener las pruebas que se nos solicitan y controlar previamente los lugares donde, a priori, se va a desarrollar la investigación.

La experiencia nos dice que merece la pena invertir un día realizando indagaciones previas, a perderlo en la calle por no tener la información u objetivos correctos, produciéndose gastos adicionales innecesarios.

INVESTIGACIÓN

Una de las cualidades más importantes que he obtenido de la Criminología consiste en ser observador. En definitiva, muchas de las materias que abordan la Criminología y, sobre todo, la Criminalística consisten en hallar aquellos pequeños detalles que puedan explicar el porqué de las cosas. Pues bien, el detective necesita encontrar y demostrar la realidad material de estas cosas, y esto pasa por, a través de la observación, prever la conducta de un sujeto y llegar en el momento exacto al lugar preciso donde se obtendrán las pruebas necesarias para el éxito en la investigación.

Existen multitud de tipos de investigaciones: laborales, empresariales, familiares, mutuas y aseguradoras… Desarrollar todas estas ocuparía mucho más que un curso académico. Sin embargo, parece relevante mencionar algunos de los tipos de investigación que son requeridos en ocasiones a las agencias de detectives, y en los que se hace

imprescindible la participación de criminólogos y crimi-
nalistas.

En primer lugar, los casos de falsedad documental, y es
que en el transcurso de una investigación puede hacerse
necesario el empleo de esta especialidad, propia de la Criminología. Por ejemplo, en investigación de supuestas
estafas, en las que será necesario el análisis de diversos
documentos que puedan esclarecer la realidad ante la que
nos encontramos, y de esta manera poder abordar los
hechos adecuadamente.

Por otro lado, se pueden encontrar investigaciones que,
aunque puedan resultar atípicas, nada más lejos de la
realidad, existen muchas agencias especializadas en esta
materia. Se trata de la obtención de huellas dactilares.
Para esto se necesita dominar la ciencia de la Dactilos-
copia. La creencia popular nos hace pensar que esta es
una tarea exclusiva de las FFCCSE y, en concreto, de la
policía científica. Sin embargo, en ocasiones un particular puede no quedar satisfecho con la actuación de la policía, y no por la dedicación de estos, sino por la escasez
de recursos tanto materiales como humanos que puedan
tener. Pues bien, es en estos casos, y cuando haya finali-
zado la investigación policial, cuando el interesado puede
acudir a nosotros para intentar hallar nuevas pruebas que
puedan dar un vuelco a la investigación, pudiendo considerarse la iniciación de nuevas líneas de investigación.
Todo esto requiere de una gran especialización y la realización del proceso de la forma adecuada para que puedan
tener validez.

También existen otros casos en los que el conocimiento
de técnicas de inspección ocular, obtención de huellas
digitales, etc., es de inestimable ayuda para el detective

privado. Por ejemplo, la obtención de evidencias para centrar investigación sobre una persona concreta y no investigar, por ejemplo, a todos los trabajadores a discreción.

Para finalizar con la fase de investigación es relevante hacer referencia a la investigación de incendios, muy relacionados con la Criminalística, y muy demandados por parte de las aseguradoras a las agencias de detectives privados.

El incendio intencionado constituye uno de los delitos con mayor tasa de crecimiento en todo el mundo. Existen incendios provocados relacionados con actos criminales, para destruir libros y registros, por venganza o intimidación, por vandalismo, provocados por niños (accidental), piromanía y, finalmente, los que a nosotros nos interesan principalmente: aquellos provocados por motivos económicos (para cobrar la póliza del seguro).

En estas investigaciones, y otras nombradas, es importante conocer los límites que restriñen al detective privado, ya que en muchas ocasiones se actúa sobre la línea que separa la legalidad de la ilegalidad. Es relativamente fácil incurrir en actos que vulneren Derechos Fundamentales de los investigados, por lo que el tener un amplio conocimiento del ordenamiento jurídico es un requisito indispensable en la profesión.

No existe un manual que recoja la forma de llevar a cabo una investigación y establezca hasta donde se puede llegar. Se deben conocer los límites de la Ley en cuanto a Derechos Fundamentales, derechos de los trabajadores, Ley de Seguridad Privada… Y ante todo, y como herramienta fundamental, la jurisprudencia, todas aquellas sentencias, principalmente del Tribunal Supremo, que puedan dar cobertura legal a determinados métodos de investigación, debiendo incluso asesorar a los abogados de nuestros clientes en caso de necesidad de interponer recursos, facilitándoles las sentencias necesarias.

EL INFORME

Finalizada toda investigación, llega el momento de informar sobre los resultados obtenidos a nuestros clientes. Es una fase importantísima, si no la más importante, ya que refleja el trabajo realizado. Se puede ser un gran investigador, pero si posteriormente no se plasma en el informe, de una manera correcta, y cumpliendo una serie de normas, el trabajo quedará siempre incompleto.

Una investigación está orientada siempre a la obtención de pruebas, y como tal, el cliente, si el resultado es positivo, usará nuestro informe para reclamar la reparación o compensación de unos derechos vulnerados. Por tanto, este informe se presentará ante los órganos judiciales correspondientes, y no solo se valorarán los resultados obtenidos, sino la forma en la que se han obtenido y si se ha sobrepasado la línea de la legalidad en algún momento o existen contradicciones. En resumen, cualquier defecto que sea motivo de impugnación de ese informe. Por ello, se ha de insistir en la necesidad de dominar todos los aspectos legales que puedan intervenir en cada caso.

Para finalizar, resulta correcto reivindicar la figura del detective privado como único profesional autorizado para investigar, y plantear la pregunta de si la pertenencia de nuestra profesión a la seguridad privada es correcta. Como se ha comentado anteriormente, obtenemos pruebas, y en muchas ocasiones nuestros informes son decisivos en los procesos judiciales, auxiliando a la justicia y ayudándola a que se conozca la verdad de las cosas, actividad totalmente distinta a la del resto del personal de seguridad privada.

En mi opinión, debería de regularse de forma independiente, dándole la importancia que se merece, y si bien no se pone en duda la necesidad de depender del Ministerio del Interior para que exista un control, necesario, por parte del CNP, sí se considera necesaria su adscripción al Ministerio de Justicia, y con mayor razón si hablamos de la figura del detective privado y criminólogo, teniendo este formación y conocimientos suficientes para dotarlo de una entidad similar a la de un perito, expertos en su materia y vinculantes en todos los sentidos.

En STS 17467/1990, se encuentra:

> Lógicamente, el testimonio emitido por los detectives privados tiene, en favor de su veracidad, no sólo la garantía de profesionalidad exigible, sino también la que, de modo innegable, proporciona la precisa y continuada dedicación al objeto de emitir su testimonio y las complementarias acreditaciones, gráficas o sonoras, de que, suele ir acompañado.

Considerándonos de gran importancia, sí, pero restando mucho camino por recorrer y muchas batallas en las que luchar.

ASI: CREDIBILIDAD DE LAS VÍCTIMAS Y ENTREVISTAS FORENSES

PROTOCOLO DE ENTREVISTA ESTRUCTURADA NICHD

ANA DURÁN MARTÍNEZ. GRADUADA EN CRIMINOLOGÍA. MÁSTER EN CIENCIAS FORENSES.

A menudo no es posible encontrar pruebas físicas (esperma, heridas en zonas de significación sexual, enfermedades de transmisión sexual, vulva enrojecida) en el contexto forense cuando se plantean dudas acerca de la existencia de uno o varios episodios de abuso sexual infantil. Hay que tener en cuenta que la posibilidad del hallazgo de estos vestigios desaparece con el transcurso del tiempo y en la mayor parte de las ocasiones, la denuncia es interpuesta con gran demora. Asimismo, los síntomas psicológicos (pérdida de apetito, ansiedad, estrés, problemas en el ámbito escolar, apatía, miedo a la soledad…) que presentan los menores pueden ser consecuencia de otras problemáticas, y no aportan, por sí solos, suficiente información para dilucidar la existencia de abuso sexual. También es poco frecuente que existan testigos cuando se producen estos delitos, el agresor cuida de que estas conductas se produzcan en la intimidad; por lo tanto, no se suele contar con la prueba testifical en el ámbito judicial, sino tan solo con la exploración del menor. Por todo ello es imprescindible escuchar al menor y tener en cuenta las características de los menores como testigos y, en concreto, de la sugestionabilidad, entendida como *"el grado en que la codificación, almacenamiento, recuperación e informe de sucesos de un niño puede ser influenciado por un conjunto de factores sociales y psicológicos"* (Ceci y Bruck, 1993). Es muy importante que estas entrevistas sean realizadas por profesionales. La exactitud del testimonio del niño supuestamente abusado y la forma de obtener su declaración son cuestiones de enorme importancia (Saywitz y Goodman, 1996).

El protocolo NICHD (*National Institute of ChildHealth and Human Development*) fue creado en el año 2000 (Orbach, Lamb, Sternberg, Esplin, y Horowitz, 2000), y revisado en el año 2007 (Lamb, Orbach, Hershkowitz, Esplin y Horowitz, 2007). Se trata de un protocolo de entrevista estructurada que se basa en las recomendaciones del *"Memorándum de Buenas Prácticas"*. El Memorándum es una guía compuesta por las recomendaciones sobre cómo proceder en las entrevistas con los menores, recopiladas en base a los resultados obtenidos de diversos estudios empíricos. Estas recomendaciones representan el consenso científico sobre los procedimientos a seguir en entrevistas a menores. Fue creado como guía para el cuerpo de policía y los trabajadores sociales en declaraciones de víctimas o testigos. El Memorándum de Buenas Prácticas está constituido por cinco fases: establecimiento del *rapport*, narrativa libre, preguntas de final abierto y cierre de la entrevista.

El Protocolo NICHD está destinado a los entrevistadores que tratan con niños sobre los que recaen sospechas de haber sido víctimas de ASI (Abuso Sexual Infantil), así como cualquier otro tipo de maltrato. La pretensión de este instrumento es obtener la mayor cantidad de información posible con la menor cantidad de información errónea, por esta razón pone énfasis en el uso de preguntas abiertas que reducen la cantidad de información errónea que puede aportar el menor en su relato.

Por otra parte, en algunas ocasiones los entrevistadores forenses tienen mucha dificultad para adherirse a las prácticas recomendadas para la realización de entrevistas. Para facilitar el seguimiento de las pautas decidieron desarrollar este protocolo estructurado y transformar las recomendaciones profesionales en directrices operacionales (Lamb, Hershkowitz, Orbac y Esplin, 2008).

TIPOS DE PREGUNTAS

Los creadores del NICHD plantean, como método eficaz para determinar la calidad de una entrevista, el análisis de los tipos de preguntas que se formulan. Asimismo, para considerar la validez de un testimonio es preciso atender a dos factores: lo completa que resulta esa declaración, y la exactitud de la misma.

En cuanto a los tipos de preguntas que un entrevistador puede realizar, una de las clasificaciones es la propuesta de Sternberg y colaboradores (Sternberg, Lamb, Herskowitz, Esplin, Redlich y Sunshine, 1996), ordenadas de mayor a menor deseabilidad:

- Invitaciones: son preguntas abiertas encaminadas a obtener información mediante el recuerdo libre, no esgrimen el foco de atención sobre detalles concretos del suceso, sino que se trata de preguntas generales, por ejemplo, *"qué paso"*.

- Invitaciones con clave: empleadas para obtener más detalles acerca de algún objeto, persona o acción mencionada anteriormente por el entrevistado, aunque dirigen la conversación, lo hacen de forma general, por ejemplo, *"has mencionado una mujer, cuéntame todo lo que recuerdes acerca de esa mujer"*.

- Enunciados directivos o preguntas dirigidas: sí esgrimen el foco de atención a detalles del suceso que interesan al entrevistador, se trata de preguntas específicas del tipo "cuándo sucedió", a menudo se incluyen en esta categoría aquéllas que empiezan por *"qué"*, *"cómo"*, *cuándo"* o *"dónde"*.

- Enunciados de opciones o de *"elección forzada"*: en esta categoría se engloban aquellas preguntas de las que se espera una respuesta particular, por ejemplo sí/no.

- Enunciados Sugestivos: introducen en su formulación información que no ha sido mencionada por el entrevistado, ésta puede ser cierta o errónea, en cualquier caso, puede condicionar y sugerir la respuesta. El efecto más perjudicial se produce cuando la información es engañosa y el entrevistado la introduce en su relato, ya que disminuye la calidad del testimonio.

A estas categorías es preciso añadir dos más, consideradas neutrales:

- Enunciados no sustantivos: no se encuentran relaciones de forma directa con el hecho central que está siendo investigado.

- Facilitadores: son expresiones que ayudan a la

continuación de la narración, del tipo *"vale"* o *"sigue"*.

En todo caso, el inicio de una entrevista irá marcado con una invitación para obtener una idea, lo más completa posible, de lo que sucedió, *"cuéntame todo lo que pasó"*. Gran cantidad de estudios han demostrado el beneficio del uso de preguntas abiertas con niños de edad escolar y adolescentes, ya que se elicitan respuestas más detalladas que con otro tipo de enunciados (Craig, Scheibe, Raskin, Kircher y Dodd, 1999; Lamb y Garretson, 2003; Sternberg et al., 1996). Los creadores del protocolo hacen hincapié en la importancia de las invitaciones con clave en el caso de los menores de seis años (Lamb et al., 2008).

Por último, con respecto al tipo de pregunta utilizado en la entrevista con menores, Saywitz y Goodman (1996) recomendaron la realización de preguntas cortas, y el uso de un vocabulario que resulte familiar al niño, para facilitar la comprensión. Esto puede ser muy relevante a la hora de emplear los enunciados con clave, de manera que la información sobre la que se desea ahondar sea mencionada en los mismos términos que fue revelada por el menor.

ESTRUCTURA DEL PROTOCOLO NICHD

En la Figura 1 se observan las fases que componen el Protocolo: Fase Presustantiva, Fase Sustantiva, y Fase de Cierre.

FASE PRESUSTANTIVA

La Fase Presustantiva de la entrevista es una fase introductoria dirigida a promover un buen ambiente, a explicar las reglas básicas que rigen toda la entrevista, cons-

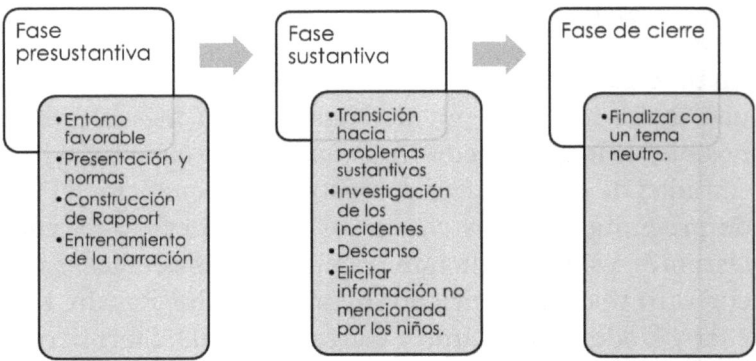

Figura 1. Estructura del Protocolo de Entrevista NICHD. Elaboración propia.

truir buen *rapport* con el niño, y entrenar la memoria episódica a través de la narración; por este orden respectivamente. Es preciso recordar que se trata de un protocolo que aúna las directrices recomendadas para la práctica de manera estructurada. Sin embargo, no se trata de una entrevista estructurada, tal y como se entiende este término. El entrevistador no pregunta una serie de cuestiones establecidas, sino que a través de una entrevista semi-estructurada obtiene un relato con el recuerdo libre e investiga esos hechos en función del recuerdo del entrevistado.

ENTORNO FAVORABLE

Para el correcto desarrollo de la entrevista hay que promover un ambiente relajado. Para ello, en primer lugar, el entrevistador se asegura que la habitación esté libre de distracciones tales como: personas, ruido, juguetes, llamadas telefónicas, etcétera. De esta forma es posible construir una buena relación con el niño durante la entrevista. Se cree que en un ambiente de apoyo y libre de distracciones los niños se sienten más cómodos y por lo tanto se encuentran más dispuestos a revelar información al tiempo que mejoran su capacidad de concentración, recuperación y precisión en los detalles (Sternberg, Lamb, Hershkowith, Yudilevitch, Orbach, Esplin y Hovav, 1997). Se recomienda la ausencia de juguetes o elementos que favorezcan la imaginación.

PRESENTACIÓN Y NORMAS

En esta parte de la entrevista se toman una serie de medidas, reglas o pautas de carácter informativo. Durante la fase introductoria, el entrevistador habla él mismo acerca de su papel; aclara la tarea del niño que es describir los acontecimientos en detalle (esta es la expectativa del entrevistador y debe quedar clara ante el niño), así como su deber de decir la verdad. Para esto es necesario que el niño sepa discernir entre la verdad y la mentira, y el entrevistador debe asegurarse de que así es a través de una serie de preguntas y ejemplos.

Los entrevistadores tratan de hacer entender a los niños que son fuentes únicas de información, ya que los entrevistadores no estaban presentes cuando ocurrieron los hechos y por lo tanto no saben lo que pasó. Se trata de adoptar la figura de un *"entrevistador ignorante"* y mostrar al niño mediante afirmaciones como: *"yo no sé lo que te ha pasado"* o *"yo no podré decirte las respuestas a mis preguntas"* y, por lo tanto, que deben contar todo lo sucedido.

Las normas que integran esta subfase se observan resumidas en la Tabla 2.

PRESENTACIÓN Y NORMAS:

- Presentación.

- Propósito de la entrevista: Contar todo.

- Adoptar la figura del "entrevistador ignorante".

- Normas:

  - decir la verdad.

  - decir "no sé", no inventar las respuestas.

  - decir "no entiendo" para que el entrevistador explique de otra forma su pregunta.

- El entrevistador le da permiso al niño para corregirle si se equivoca.

Tabla 2. Resumen de la subfase de presentación y normas que tiene lugar en la Fase Pre-sustantiva del NICHD.

CONSTRUCCIÓN DE *RAPPORT*

El objetivo es establecer una buena relación y comunicación con el niño. Esto se consigue mediante el conocimiento del niño animándole a hablar, sobre todo de sus intereses. Se informa al niño de que puede hablar de cualquier tema, tanto positivo como negativo. El *rapport* concluye cuando el niño está cómodo y dispuesto hablar.

ENTRENAMIENTO DE LA NARRACIÓN

Consiste en ejercitar la narración de los niños, a través de informes sobre sucesos que no son relevantes para la investigación. Es necesario que el niño sea consciente de que el entrevistador espera que le cuente lo que le ha sucedido con gran cantidad de detalles. Esto se consigue mediante el entrenamiento en la narración de sucesos o entrenamiento de la memoria episódica. Para ello, se recurre a sucesos que tengan alguna significación para el niño, como el día de su cumpleaños o el día de reyes y se invita al menor a que cuente todo lo que sucedió.

FASE SUSTANTIVA

Después de la Fase Presustantiva, el entrevistador intenta desviar la atención del niño a los hechos relevantes que han de ser investigados, procurando hacerlo de forma abierta y no sugestiva, *"quiero hablar de por qué estás aquí hoy"*, *"entiendo que te ha podido pasar algo, cuéntame todo lo que pasó"*.

Aunque algunas víctimas no denuncian el abuso en la primera entrevista, la gran mayoría de las que revelan lo hacen en respuesta a una invitación (más del 80% en los estudios de campo descritos por Orbach y Lamb, 2001). Sólo si el niño no revela por sí mismo a través de invitaciones se deben emplear otras preguntas. El entrevistador utiliza indicaciones progresivamente más específicas para lograr la revelación del presunto abuso cuando hay buenas razones para creer que el niño fue abusado y que existe riesgo de que el daño causado siga produciéndose.

Algunas de las fórmulas que proponen los autores del protocolo se muestran a continuación (Lamb et al., 2008):

"Como te dije, mi trabajo es hablar con los niños acerca de las cosas que les ha podido ocurrir. Es muy importante que me digas por qué (estás aquí / viniste aquí / yo estoy aquí). Dime por qué crees que (tu mamá, tu papá, tu abuela) te trajo aquí hoy (o "por qué crees que vine a hablar contigo hoy)."

"He oído que hablaste con (un médico / profesor / trabajador social / cualquier otro profesional) a las (hora / lugar). Dime de qué hablasteis".

"¿Alguien te hizo daño?"

"¿Te ha sucedido algo en (lugar / tiempo de presunto incidente)?"

"¿Alguien te hizo algo que no estaba bien?"

Si la presunta víctima no ha hecho una acusación después de varias formulaciones, se recomienda que el entrevistador realice una pausa para considerar si suspende la entrevista con la posibilidad de continuar en otra ocasión.

Se aconseja a los investigadores, si deciden seguir adelante, que deberían haber formulado versiones específicas de las preguntas, usando todos los datos disponibles, antes de la entrevista, durante el descanso.

Si el niño revela los hechos, el entrevistador dice *"dime todo acerca de eso".* A partir de ese momento comienza el recuerdo libre. Es importante tener en cuenta que, a efectos prácticos de recuerdo, es flexible, y se corresponde con el modelo de protocolo semi-estructurado. Simplemente, se trata de marcar un orden para cada una de las pautas recomendadas, y en el momento de la revelación, el entrevistado cuenta todo lo que ocurrió sin interrupciones. Posteriormente, se realizan preguntas abiertas (*"entonces, ¿qué pasó?" "cuéntame más sobre eso"*), destinadas a la obtención de detalles con el recuerdo espontáneo del supuesto incidente.

Si el niño es menor de seis años, la acusación se repite en las propias palabras del niño, sin dar más detalles o nombres que el niño ha mencionado, y el entrevistador luego dice: *"Cuéntame todo sobre eso"*.

Los entrevistadores siguen preguntando *"¿qué pasó después?"* o *"cuéntame más sobre eso"* tan a menudo como sea necesario, hasta que el niño haya proporcionado una descripción completa del supuesto incidente.

Es necesario emplear preguntas abiertas, y utilizar preguntas directivas sólo al final de la fase de interrogatorio para obtener información esencial que todavía no ha sido mencionada por el niño. El Protocolo también recomienda volver al modo de preguntas abiertas tras las respuestas a las preguntas directivas, una práctica llamada emparejamiento. Además, las referencias contextuales (referencias a eventos, acciones, personas, lugares o cosas mencionadas por el niño) y la segmentación del tiempo (solicitudes de información sobre bloques de tiempo delimitados por las acciones o eventos mencionados por el niño) se utilizan a lo largo de la entrevista como preguntas abiertas. Estos son algunos ejemplos, cada uno de los cuales se pueden emplear tantas veces como sea necesario para asegurar que todas las partes del incidente se elaboran.

En aquellos casos en los que hayan podido existir varios incidentes, los entrevistadores forenses necesitan obtener información de cada uno de esos incidentes, cada uno de esos recuerdos específicos, y no declaraciones genéricas. Es decir, es preciso explorar cada uno de esos episodios por separado.

El orden en el que se deben formular las preguntas con el Protocolo NICHD se muestra en la Figura 2.

Figura 2. Orden de los tipos de preguntas. Protocolo NICHD. Elaboración propia

En resumen, primero se obtiene el testimonio con el recuerdo libre (a través de una invitación). Con este relato se obtienen más detalles mediante preguntas abiertas relativas a la información mencionada (invitaciones con clave). Posteriormente, se preguntan aspectos concretos según la información proporcionada con preguntas directivas. Si existen varios incidentes, éstos se exploran por separado en relación al orden aconsejado. En último lugar, el entrevistador pregunta la información sobre el incidente con relevancia forense que no ha sido mencionada espontáneamente, por ejemplo, *"¿se lo has contado a alguien?"*.

FASE DE CIERRE

El entrevistador completa la entrevista preguntando al niño si hay algo más que quiera decir antes de marcharse y dar por concluida la entrevista. Posteriormente, se agradece todo lo que ha contado, la información que ha proporcionado. Y por último, el entrevistador debe cerrar la entrevista charlando durante aproximadamente un par

de minutos sobre un tema neutro, por ejemplo, *"¿qué vas
hacer después de salir de aquí?"*. De este modo se pretende
disipar los sentimientos negativos que haya podido generar el recuerdo del abuso.

VENTAJAS

Varios estudios han tratado de analizar la eficacia del Protocolo NICHD para entrevistar a menores.

Un estudio llevado a cabo en Israel comparó ciento cinco
entrevistas de presuntas víctimas de abuso sexual infantil
(Orbach et al., 2000). En cincuenta de ellas no se siguió
ningún protocolo, en cincuenta y cinco se utilizó el protocolo NICHD. La edad de los niños oscilaba entre los
cuatro y los trece años. Los resultados muestran que, en la
condición de protocolo, se emplean más preguntas abiertas, y menos preguntas directivas y de opciones. Sin
embargo, la condición de protocolo no aumentó la cantidad de detalles sustantivos promedio en comparación a
las entrevistas sin protocolo. En la condición de protocolo se observó que los niños proporcionaron más información a las preguntas abiertas y menos a las de los otros
tipos. Este fue el primer estudio en evaluar la eficacia del
NICHD, y se observó que afectaba favorablemente a las
conductas de los entrevistadores y la calidad de las entrevistas. No obstante, posee una limitación, ya que no era
posible comprobar la exactitud de esos detalles.

Un segundo estudio realizado en Estados Unidos con-
sistió en la comparación de cien entrevistas (Sternberg,
Lamb, Orbach, Esplin y Mitchell, 2001). La mitad de ellas,
realizadas sin formación. Posteriormente, los mismos
entrevistadores fueron entrenados en el Protocolo
NICHD, y realizaron otras cincuenta entrevistas. Los

entrevistados tenían edades comprendidas entre los cuatro y doce años. Los resultados apuntaron que los entrevistadores en la condición de entrenados utilizaban tres veces más invitaciones que en la condición estándar. Asimismo, los niños proporcionaron más detalles a través de las invitaciones de los entrevistadores en la condición de entrenados, y menos detalles a través de preguntas de opciones o sugestivas.

Otro estudio fue realizado en el Reino Unido (Lamb, Orbach, Sternberg, Aldridge, Perarson, Stewart, Esplin y Bowler, 2009). Tomaron cien entrevistas, en la mitad de ellas el entrevistador siguió las recomendaciones del *"Memorándum de Buenas Prácticas"*, en la otra mitad el entrevistador utilizó el Protocolo NICHD. Los resultados apuntan que los niños facilitaban más detalles a los entrevistadores en la condición de Protocolo NICHD ante enunciados abiertos. Mientras que el *"Memorándum de Buenas Prácticas"* consiste en una serie de recomendaciones, el Protocolo NICHD está estructurado y a la vista de los resultados de los estudios, parece más adecuado aunque sus principios sean semejantes.

Un cuarto estudio relevante se desarrolló en Canadá (Cry y Lamb, 2009). Con una muestra de 166 entrevistas, en la mitad de ellas se utilizó el Protocolo NICHD, y en la otra mitad no se utilizó protocolo. Los resultados mostraron que las invitaciones eran tres veces más frecuentes en los entrevistadores formados; mientras que las preguntas directivas de elección y sugestivas eran dos veces menos comunes. Además, los entrevistadores utilizaron 25,4% menos enunciados en la condición de protocolo, necesitaban menos preguntas para obtener la misma cantidad de información. Los niños proporcionaron más información en la condición de protocolo, la mayor parte a través de invitaciones.

Por último, el protocolo no sólo ha aumenta la calidad de las entrevistas y la cantidad de detalles que se obtienen, sino que también ha resultado útil en la evaluación de la credibilidad del testimonio de los niños en el ámbito forense (Hershkowitz,Fisher, Lamb, y Horowitz,2007).

INCONVENIENTES

El Protocolo NICHD fue creado como instrumento estructurado en un intento de asegurar que los entrevistadores se adhirieran a un procedimiento protocolizado. Sin embargo, en diferentes evaluaciones del Protocolo se ha encontrado que cuando se abandona la supervisión directa, los entrevistadores van apartándose poco a poco del protocolo y volviendo a las prácticas menos recomendables, y que esto ocurre incluso aunque el entrevistador esté fuertemente concienciado de la necesidad de adherirse al protocolo (Lamb, Sternberg, Orbach, Hershkowitz, &Esplin, 2000; Lamb, Sternberg, Orbach, Esplin, y Mitchell, 2002).

El entrenamiento de entrevistadores especializados constituye un inconveniente extendido a cualquier otro tipo de metodología. La formación es indispensable para la labor del entrevistador forense que se dedica profesionalmente a realizar este tipo de entrevistas que son especialmente delicadas, lo son debido al bien jurídico protegido y el sujeto pasivo del delito.

Un estudio (Cry, Dion, McDuff y Trotier-Sylvain; 2012) realizado para determinar los efectos del entrenamiento y del *feedback* en la realización de entrevistas con niños sobre los que recaen sospechas de ser víctimas de abuso sexual infantil. Compararon dos grupos de entrevista, con *feedback* y sin *feedback*; en dos momentos distintos, antes y después del entrenamiento. El entrenamiento consistía en una semana de formación intensiva a través de: información acerca del Protocolo NICHD y su evidencia empírica, material audiovisual, en el que se mostraban las prácticas de entrevistas deseables y no deseables, y role-playing. El análisis de este estudio dio como resultado que los entrevistadores utilizaban más enunciados abiertos después de ser entrenados, y además, se obtenían más detalles en las respuestas. Por otro lado, el protocolo aumentó la información sobre detalles del abuso en respuesta a preguntas abiertas, como sucedía en otros estudios anteriores (Cry y Lamb, 2009; Lamb et al., 2007; Lamb et al., 2009). Además, los entrevistadores que recibieron *feedback* no solo aumentaron el número de invitaciones sino que también redujeron las preguntas de otros tipos; obtuvieron la mitad de la información mediante preguntas deseables, y el grupo sin *feedback* solo un tercio de la información a través de preguntas abiertas.

REFERENCIAS BIBLIOGRÁFICAS

- Ceci. S y Bruck. M. (1993). Suggestibility of the child witness: a historical review and synthesis. *Psychological Bulletin*, 113, 403-439.

- Craig, R. A., Scheibe, R.,Raskin, D. C., Kircher, J. C., y Dodd, D.H. (1999). Interviewer questions and content analysis of children's statements of sexual abuse. *Applied Developmental Science*, 3, 77-85.

- Cry, M., y Lamb, M. E. (2009) Assessing the effectiveness of the NICHD investigative interview

Protocol when interviewing French-speaking alleged victims of child abuse in Quebec. *Child Abuse Neglect*, 33, 257-268.

- Cry, M., Dion, J., McDuff, P., y Trotier-Sylvain, K. (2012). Transfer of skills in the context of non-suggestive investigative interviews: impact of structured interview protocol and feedback. *Applied Cognitive Psychology*, 26, 516-524.

- Hershkowitz, I., Fisher, S., Lamb, M. E., y Horowitz, D. (2007). Improving credibility assessment in child sexual abuse allegations: The role of the NICHD investigative in-terview protocol. *Child Abuse Neglect*, 31, 99-110.

- Lamb, M. E., Garretson, M. E. (2003). The effects of interviewer gender and child gender on the indormativeness of alleged child sexual abuse victims in forensic interviews. *Law and Human Behavior*, 27, 157-171.

- Lamb, M. E., Hershkowitz, I., Orbach, Y., y Esplin, P. W. (2008). *Tell Me What Happened. Structured Investigative Interviews of Child Victims and Witnesses*. USA: Wiley Series in the Psychology of Crime, Policing and Law.

- Lamb, M. E., Orbach, Y., Hershkowitz, I., Esplin, P. W. y Horowitz, D. (2007). A struc-tured forensic interview protocol improves the quality and informativeness of in-vestigative interviews with children: A review of research using the NICHD Investigative Interview Protocol. *Child Abuse Neglect*, 31, 1201-1231.

- Lamb, M. E., Orbach. Y., Sternberg, K., Aldridge. J., Perarson. S., Stewart. H., Esplien. P., y Bowler. L. (2009). Use of a structured investigative protocol enhances the quality of investigative interviews with alleged victims of child sexual abuse in Britain. *Applied Cognitive Psychology*, 23, 449-467.

- Lamb, M. E., Sternberg, K. J., Orbach, Y., Esplin, P. W., y Mitchell, S. (2002). Is Ongoing feedback necessary to maintain the quality of investigative interviews with allegedly abused children? *Applied Developmental Science*, 6, 35-41.

- Lamb, M. E., Sternberg, K. J., Orbach, Y., Hershkowitz, D., y Esplin, P. W. (2000). The effect of intensive training and ongoing supervision on the quality of investigative in-terviews with alleged sex abuse victims. *Applied Developmental Science*, 6, 114-125.

- Orbach, Y., Hershkowith, I., Lamb, M. E., Sternberg, K. J., Esplin, P. W., y Horowitz, D. (2000). Assessing the value of structured protocols for forensic interviews of alleged child abuse victims. *Child Abuse Neglect*, 24, 733-752.

- Orbach, Y., Lamb, M. E., (2001). The relationship between within-interview contradictions and eliciting interview utterances. *Child Abuse Neglect*, 25, 323-333.

- Saywitz, K. J. y Goodman, G. S. (1996) Interviewing children in and out of court. Current research and practice implications. *The ASPAC handbook on child maltreatment*, Thousand Oaks, Sage publications, p. 297-318.

- Sternberg, K. J., Lamb, M. E., Herskowitz, I., Esplin, P. W., Redlich, A y Sunshine, N. (1996). The relation between investigative utterance types and the informativeness if child witnesses. *Journal of Applied Developmental Psychology*, 17, 439-451.

- Sternberg, K. J., Lamb, M. E., Herskowitz, I., Yudilevitch, L., Orbach, Y., Esplin, P. W., y Hovav. M (1997). Effect of introductory style on children's abilities to describe experiences of sexual abuse. *Child Abuse Neglect*, 21, 1133-1146.

- Sternberg, K. J., Lamb. M. E., Orbach. Y., Esplin, P. W., y Mitchell. S. (2001). Use of a structured investigative protocol enhances children's responses to free-recall prompts in the course of forensic interviews. *Journal of Applied Psychology*, 86, 997-1005.

EVALUACIÓN DE LA CREDIBILIDAD DEL TESTIMONIO DE MENORES

COVADONGA GONZÁLEZ ARIAS. LICENCIADA EN PSICOLOGÍA. MÁSTER EN PSICOLOGÍA DE INTERVENCIÓN SOCIAL.

INTRODUCCIÓN

Dentro del procedimiento judicial, como parte fundamental en la mayoría de casos de abuso sexual infantil, se encuentra la evaluación de la credibilidad del testimonio. Pero, ¿por qué es tan importante en estos casos evaluar la credibilidad?. En primer lugar, porque en la mayoría de casos la declaración o testimonio que proporciona el menor resulta la única prueba. En segundo lugar, estamos hablando de una población especial, son menores; los menores, sobre todo los más pequeños, tienen capacidades cognitivas limitadas, es decir, la manera en que se expresan o comprenden el mundo, su memoria, sus capacidades lingüísticas, su atención o su percepción no están plenamente desarrolladas y difieren de las de los adultos, por tanto, su forma de recordar y declarar los hace menos creíbles ante las audiencias judiciales. Además, los menores son más vulnerables ante los procesos de victimización secundaria. La práctica de técnicas utilizadas en otro tipo de delitos sexuales en los que están implicados únicamente adultos, por ejemplo, la confrontación de versiones, no están recomendados con menores, precisamente por la desigualdad de capacidades existente entre víctima y agresor. Finalmente, si bien partimos de que los hechos han ocurrido y el menor está contando la verdad, en algunos casos cabe la posibilidad de que los hechos que el menor relata no hayan ocurrido realmente, o no hayan sucedido tal y como los relata, debido a que se basa en invenciones o en fantasía o atiende a la influencia de otras personas. Dicha influencia puede ser directa e intencionada, a través de instrucciones para que el menor preste una alegación falsa, o indirecta, a través de procesos como la sugestión.

Existen diversos métodos para evaluar la credibilidad del testimonio de un menor, como por ejemplo a partir de la observación de conductas no verbales o micro-expresiones o registrando respuestas fisiológicas a través de instrumentos como el polígrafo. No obstante, estos métodos de evaluación presentan serias dificultades, especialmente con menores, y el análisis del contenido del relato del menor, es decir, lo que el menor cuenta acerca de los hechos objeto de estudio, se convierte en la estrategia más comúnmente utilizada.

Entendemos, por tanto, la credibilidad del testimonio como la probabilidad de que los hechos hayan sucedido de la forma en que han sido relatados por el menor. El objetivo de la evaluación pericial de la credibilidad del testimonio es, en este sentido, establecer el grado en que el relato cumple con criterios preestablecidos característicos de relatos verídicos. Numerosos expertos internacionales han coincidido en reconocer la importancia que ha tenido para el sistema judicial la evaluación de la credibilidad del testimonio, Offe, Fabian, Steller, Köehnken, Undeutsch, Arntzen, Szewczyk, por mencionar algunos.

Para ello, se han desarrollado diversas herramientas, de entre las que destaca actualmente el Sistema de Análisis de la Validez de las declaraciones (SVA), cuya parte central es el conocido Análisis de Contenido Basado en Criterios (CBCA). Además, podemos mencionar otros instrumentos como la Escala para evaluar la credibilidad de las partes (Sexual Abuse Legitimacy), el Modelo conceptual para la evaluación de la credibilidad de *Young*, la Guía para la evaluación de la credibilidad y la validez de *Mapes* o el Modelo de control de la realidad de los recuerdos o *Reality Monitoring*. Esta última es una técnica que se basa en la idea de que las declaraciones sobre recuerdos de origen externo (percepciones) presentan más elementos contextuales (espacio-temporales), sensoriales (olores, sonidos, colores…) y semánticos que los de origen interno (inventados o imaginados). Éstos últimos, sin embargo, contienen más elementos cognitivos, es decir, pensamientos, ideas, referencias a procesos cognitivos, etc. (Jonhson y Raye, 1981).

EL SISTEMA DE ANÁLISIS DE LA VALIDEZ DE LAS DECLARACIONES (SVA)

El Sistema de Análisis de la Validez de las Declaraciones (SVA) es un procedimiento estandarizado, que se basa en la Hipótesis de Undeustch (1967), la cual afirma que las descripciones de eventos que realmente han sucedido difieren en contenido, calidad y expresión, de aquellos hechos que son fruto de la imaginación. Esta herramienta apunta a la credibilidad de un relato en particular y no a la credibilidad general del niño/a. Está indicado para su aplicación con menores de entre dos y diecisiete años de edad (Raskin y Esplin, 1991). No obstante, se debe tener especial consideración en ambos extremos tanto por déficit como por exceso de habilidades y conocimientos. Por un lado, debemos de tener en cuenta las limitaciones en las capacidades cognitivas y lingüísticas de los menores de cuatro años y, por otro lado, debemos prestar atención a las capacidades de los adolescentes, más similares a las de los adultos, y que pueden implicar una mayor habilidad para la disimulación, la simulación o la invención, por poner algunos ejemplos. Asimismo, de manera general, los adolescentes presentarán mayores conocimientos acerca de las conductas sexuales, que es preciso estimar para una correcta toma de decisiones.

Además de estas consideraciones, para llevar a cabo el análisis de la forma más objetiva posible, se deben considerar diversas alternativas explicativas o hipótesis de partida. Para ello proponemos el trabajo en base a, al menos, cuatro hipótesis: la hipótesis del engaño, o posibilidad de que el relato haya sido inventado; la hipótesis de la sugestión, o posibilidad de que el relato haya sido inducido; la hipótesis de la incapacidad, o posibilidad de que el relato haya sido fantaseado o se haya distorsionado gravemente la realidad, y la hipótesis de la verdad, o posibilidad de que los hechos hayan sido descritos tal y como sucedieron en la realidad.

El SVA puede ser aplicado por cualquier profesional del ámbito de las ciencias de la conducta o de las ciencias forenses, siendo muy recomendable y necesaria la formación específica (Save The Children, 2010, Manzanero y Scott, 2015), ya que los resultados que obtengamos a partir de la herramienta van a depender en gran medida de la pericia del profesional que la utilice. Podemos destacar la formación y experiencia en la realización de entrevistas forenses con menores, la formación especializada en abuso sexual infantil y conocimientos de psicología cognitiva y psicología del desarrollo. Se recomienda asimismo la aplicación de SVA por dos peritos independientes, puesto que se trata de un método de carácter interpretativo -no psicométrico.

El procedimiento a seguir del SVA se compone de una entrevista estructurada con el menor, la aplicación del CBCA a la transcripción de la entrevista y, finalmente, la Lista de Validez, que evalúa aspectos externos al relato.

El SVA recomienda utilizar una entrevista estructurada que facilite la obtención de un relato libre por parte del menor, a través del uso de preguntas narrativas y de carácter abierto, tratando de evitar sesgar las respuestas del menor o la menor. Para ello, podemos utilizar alguno de los protocolos de entrevista con menores existentes, como es el Protocolo NICHD.

El Análisis de Contenido Basado en Criterios o CBCA consiste en aplicar a la transcripción verbal de la entrevista un conjunto de criterios, para determinar su presencia o ausencia. De manera general, podemos decir que un relato falso atiende normalmente a un esquema estereotipado, es decir, se narran los hechos de forma lineal, ordenada y con muy pocos detalles. A la inversa, un relato verídico, por tanto, tendrá gran cantidad de detalles, su formato será libre y desorganizado y sin una secuencia lineal, aunque sí coherente y con sentido. Se fundamenta en la idea de que resulta demasiado complejo para un/a niño/a fabricar deliberadamente ciertos criterios.

Steller y Köhnken (1989) elaboraron un sistema de 19 criterios agrupados en cinco categorías de acuerdo a determinados aspectos. A mayor presencia de criterios, mayor probabilidad de que el relato se base en un hecho directamente experimentado. No obstante, hay que dejar muy

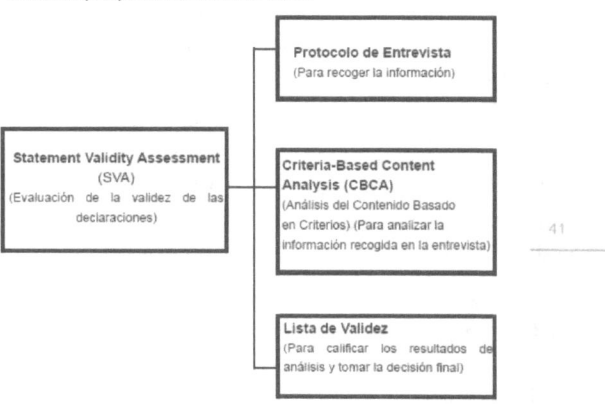

Evaluación Pericial Psicológica de Credibilidad de Testimonio

En cuanto a su composición, esta metodología contempla tres etapas, las cuales son: Entrevista semiestructurada, el Análisis de Contenido Basado en Criterios y la aplicación de la Lista de Validez.

De acuerdo a la revisión de la bibliografía especializada en la temática, tanto a nivel nacional como internacional, se concluye que para su aplicación se necesita de manera obligatoria la utilización de los tres componentes. A continuación, se describirán cada una de sus fases constitutivas:

Tabla 1

claro que la ausencia de criterios en la declaración no implica necesariamente que el abuso no haya tenido lugar, ya que su ausencia puede atender a diversos motivos que es preciso explorar, por ejemplo, debido a limitaciones en las capacidades lingüísticas del niño o la niña. Es por ello que en cada criterio se debe indicar tanto si está presente como si no, por qué. Además, es preciso tener en cuenta que solo deben codificarse las respuestas narrativas y espontáneas, con la finalidad de evitar la posible contaminación que haya podido tener lugar. Las categorías y los criterios correspondientes son los siguientes:

CATEGORÍA 1: CARACTERÍSTICAS GENERALES

Consistencia lógica.

Elaboración sin estructura.

Cantidad de detalles.

CATEGORÍA 2: CONTENIDOS ESPECÍFICOS

Incardinación en contexto.

Descripción de las interacciones.

Reproducción de conversaciones.

Información de complicaciones inesperadas durante el incidente.

CATEGORÍA 3: PECULIARIDADES DEL CONTENIDO

Detalles inusuales.

Detalles superfluos.

Detalles malentendidos o no comprendidos informados de forma exacta.

Asociaciones externas relacionadas.

Relatos de estados mentales subjetivos.

Atribución del estado mental del acusado.

CATEGORÍA 4: CONTENIDOS RELACIONADOS CON LA MOTIVACIÓN

Correcciones espontáneas.

Admitir pérdida de memoria.

Levantar dudas sobre el propio testimonio.

Auto-desaprobación.

Perdonar al perpetrador.

CATEGORÍA 5: ELEMENTOS ESPECÍFICOS DEL DELITO

Detalles característicos del delito.

Para complementar la valoración es necesario, además del CBCA, tener en cuenta otros criterios que constituyen la denominada Lista de Validez, que consiste en la valoración de 11 aspectos diferenciados en 4 categorías, relativos a cuestiones externas del relato en sí, por ejemplo las capacidades del menor para prestar declaración o la ausencia de contaminación en el relato por parte del entrevistador o de influencia de terceras personas. Con ello se pretende proporcionar un valor añadido a los resultados obtenidos al aplicar el CBCA, con el fin de alcanzar una conclusión definitiva respecto a la validez o no de la alegación. Cabe destacar que esta parte del proceso de análisis es fundamental e ineludible, siendo uno de los errores más graves que cometen algunos profesionales la aplicación de manera aislada del CBCA (Manzanero y Scott, 2015). Las categorías de la Lista de Validez y sus correspondientes criterios son los siguientes:

CATEGORÍA 1: CARACTERÍSTICAS PSICOLÓGICAS.

Lenguaje y conocimientos.
Emociones durante la entrevista.
Sugestionabilidad.

CATEGORÍA 2: CARACTERÍSTICAS DE LA ENTREVISTA

Preguntas sugestivas o coercitivas.
Adecuación global de la entrevista.

CATEGORÍA 3: FACTORES MOTIVACIONALES

Motivación para declarar.
Contexto de las declaraciones.
Influencia por parte de otros.

CATEGORÍA 4: CUESTIONES INVESTIGATIVAS

Consistencia con las leyes de la naturaleza.
Consistencia con otras declaraciones.
Consistencia con otras pruebas.

Para finalizar, debemos emitir una valoración final global sobre la credibilidad del testimonio, considerando los resultados del SVA – tanto los criterios del CBCA como la Lista de Validez –, así como toda la información disponible del caso, como documentación, valoración del estado psicológico y emocional, observaciones conductuales, historia familiar, etc. Podemos mencionar tres categorías conclusivas comúnmente utilizadas: probablemente creíble, indeterminado o probablemente increíble. No existen reglas formales de decisión. Se trata, como hemos mencionado anteriormente, de un juicio interpretativo, por tanto, sus resultados dependerán en gran medida de la calidad de la entrevista, de las capacidades y conocimientos del menor y de las características del perito, de su objetividad e imparcialidad, así como de su formación y experiencia, siendo ésta una de las principales limitaciones del SVA.

REFERENCIAS BIBLIOGRÁFICAS

- Johnson, M. K., Raye, C. L. (1981) Reality Monitoring. *Psychological Review*, Vol. 88, No. 1, 67-85.

- Köhnken, G., Manzanero, A. L., y Scott, M. T. (2015) Análisis de la Validez de las Declaraciones (SVA): mitos y limitacione. *Anuario de Psicología Jurídica*, 25, 13-19.

- Raskin, D.C. y Esplin, P.W. (1991) Statement Validity Assessment: interview procedures and content analysis of children's statements of sexual abuse. *Behavioural Assessment*, 13, 1991, 265-291.

- Save The Children (2011) *Formación de profesionales: una estrategia imprescindible para erradicar el abuso sexual infantil*. Federación de Asociaciones para la Prevención del Maltrato Infantil, Madrid.

- Steller, M. y Köhnken, G. (1989) *Statement analysis: credibility assessment of children's testimonies in sexual abuse cases. Psychological methods in criminal investigation and evidence*. Nueva York: Springer, 217-245.

PROCESAMIENTO PENAL Y ABUSO SEXUAL INFANTIL

ÁNGEL PRIETO REDÍN. PROFESOR TITULAR UMU DE PSICOLOGÍA SOCIAL.

E l abuso sexual infantil es el delito en el que con más frecuencia y dramatismo se plasman las dificultades que el sistema de justicia tiene para gestionar el testimonio de menores. En este sentido, la figura del criminólogo puede ser útil a la hora de intervenir en este tipo de proceso. Esto es así porque su formación puede dar respuesta, en gran parte, a las deficiencias que el sistema muestra en su gestión de este tipo de casos. Mi propósito en esta intervención es ilustrar sobre las principales limitaciones o dificultades que se han detectado en el procesamiento penal de los casos de abuso sexual infantil, a la vez que mostrar la necesidad de un mayor grado de especialización en los criminólogos para desarrollar competencias que les permitan intervenir en los diferentes ámbitos implicados.

SITUACIÓN DEL PROCESAMIENTO PENAL DEL ABUSO SEXUAL INFANTIL

Save the Children (2012) ha publicado recientemente un informe sobre la situación del procesamiento penal del abuso sexual infantil en nuestro país. Este informe detecta una serie de deficiencias que vamos a tratar a continuación.

OBSTÁCULOS AL PROCESAMIENTO PENAL

En primer lugar, parece que muchos procesos penales por abuso sexual infantil no se pueden iniciar por obstáculos que interponen personas ajenas a la administración de justicia, como servicios médicos, colegios, puntos de encuentro familiar o servicios de atención a la infancia. A pesar de que juegan un papel importantísimo a la hora de alertar a la justicia sobre la posible existencia de abusos sexuales, parece que no todos los servicios actúan con la diligencia debida y, en ocasiones, provocan que no se presente denuncia o que ésta se demore, con las consecuencias que ello conlleva. Esto es lo que ocurre en dos de los cinco casos analizados en el informe. En otros casos los obstáculos aparecen en los puntos de encuentro familiar (PEF) que, a pesar de contar con informes médicos que alertaban de la posible presencia de abuso sexual infantil, en sus informes consignaban la normalidad de la situación del menor.

En el esclarecimiento de los casos de abuso sexual infantil juega un papel determinante la declaración del menor. Esto es así porque en la mayoría de las ocasiones no existen pruebas físicas, y cuando existen suelen ser compatibles con trastornos o fenómenos que no tienen que ver con el abuso sexual infantil.

Los colegios también juegan un papel importante en este sentido y, recientemente hemos tenido ejemplos de direcciones escolares que, conociendo la presunta existencia de abusos por parte de alguno de sus profesores, no han tomado ningún tipo de iniciativa al respecto.

FALTA DE DILIGENCIA EN EL IMPUSLO DEL PROCESO PENAL Y
EN LA INVESTIGACIÓN DEL DELITO

La Directiva de la Unión Europea (Unión Europea, 2011)
sobre abuso sexual infantil insta a que los Estados garan-
ticen mecanismos para que faciliten *"la investigación y el
enjuiciamiento penal de estas infracciones, habida cuenta de la
dificultad de las víctimas para denunciar los abusos y del ano-
nimato de los delincuentes en el ciberespacio. Para garantizar
el enjuiciamiento e investigación adecuados de las infracciones
contempladas en la presente Directiva, su inicio no debe depender, en principio, de la presentación de una deposición o denuncia por la víctima o su representante."* (p. 335).

En el informe de Save the Children se estudian cinco
casos de presunto abuso sexual infantil, y en todos ellos
hay algunas constantes: existen pruebas físicas y/o psicológicas recogidas en informes médicos y psicológicos. Se
han presentado varias denuncias, bien por las madres o
por centros de salud. Además, las víctimas han relatado
(dos ante el mismo juez de instrucción) los abusos sexuales sufridos. Pues bien, ninguno de ellos llegó a la fase de
apertura de juicio oral. Todos fueron sobreseídos por un
mismo motivo: no resulta acreditada la presunta comisión del delito denunciado. En los casos analizados se han
detectado actuaciones judiciales que revelan falta de diligencia en la investigación conducida de oficio. La actividad probatoria solicitada se limita a un examen pericial
de la víctima y, sobre todo, de la madre denunciante. Sirva
como ejemplo, el siguiente caso:

En 2007, tras volver de las visitas, con el padre la niña de
17 meses se resiste a ser desnudada para bañarse y se queja,
y al quitarle la ropa la madre advierte dos hematomas en
ambas piernas y una dermatitis en la vagina, por lo que
acude al hospital. Una vez allí, tras ser examinada por los

facultativos del hospital, acude el médico forense, que realiza un informe acreditando las lesiones y advirtiendo del posible maltrato o abuso sexual. Al día siguiente tiene lugar la comparecencia de la madre en el juzgado de instrucción, donde solicita una orden de protección para su hija respecto al padre. El juzgado deniega la orden de protección, y la madre no vuelve a saber más acerca del proceso penal, hasta pasados alrededor de seis meses que su abogado le comunica que el caso ha sido sobreseído sin practicarse más pruebas.

En febrero de 2010, cuando la niña ya ha cumplido cuatro años, al regreso de las visitas con el padre presenta un fuerte dolor vaginal y para orinar, ante lo cual, la madre acude con ella a los servicios de urgencias. El hospital vuelve a diagnosticarle *"eritema y erosión vaginal"* y se hace constar que *"la niña al ser preguntada manifiesta que su padre le ha metido el dedo en el "pepe" (la vagina)"*. Ante tales evidencias, el hospital llama al médico forense quien, tras explorar a la niña, le comunica a la madre que va a denunciarlo al juzgado de instrucción, que abrirá diligencias. Se inicia un proceso de investigación y la madre es llamada por la policía para declarar como testigo. Sin embargo, y a pesar de la acumulación de indicios, el juzgado de instrucción que se hace cargo de la investigación se inhibe a favor de otro, y éste a su vez a favor de un tercero. Este último, cuatro meses después de ser presentada la denuncia, decide acordar el sobreseimiento provisional de la causa sin practicar diligencias de prueba. En el auto de archivo, de un folio de extensión, se expone un único motivo que incluye la siguiente redacción estandarizada: *"que de las diligencias practicadas no resulta debidamente justificada la comisión del hecho punible investigado, por lo que (...) procede decretar el sobreseimiento y archivo provisional de las actuaciones"*.

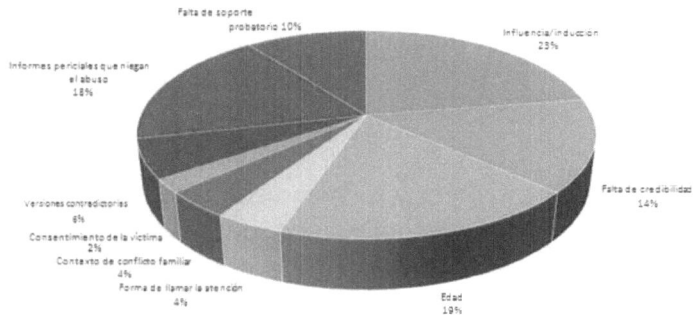

Ilustración 1. Causas de sobreseimiento de casos de abuso sexual infantil (Save the Children, 2012).

También se detecta un papel excesivamente pasivo por parte de la Fiscalía. En ninguno de los casos analizados se recurre el sobreseimiento de la causa, pero tampoco justifica su acuerdo con el archivo de la causa. Otras veces, su motivación revela un escaso análisis de las pruebas practicadas y de los indicadores que miden el impacto del abuso sexual infantil. En el informe se presenta este caso:

> En 2008 la Fiscalía solicita el sobreseimiento provisional de la causa a afirmando que no quedan acreditados los hechos. Se basa la fiscal, principalmente, en un informe pericial que reconoce que no se ha podido practicar la prueba de credibilidad del niño habida cuenta de que éste no ha hablado y de su corta edad. El caso se reabre ante una segunda denuncia apoyada por el informe de un psicólogo del servicio público de salud que trata al niño. Este informe sostiene la concurrencia de varios indicadores de abuso sexual, y manifiesta que *"no existe experiencia traumática actual en el niño. Esto no es un indicador de que no pueda adquirir este carácter en un futuro cuando el niño resignifique, en momentos posteriores de su desarrollo, sus actuales circunstancias biográficas"*. Con base en este informe, la fiscal vuelve a interesar el sobreseimiento provisional en un escrito, de un párrafo de extensión, cuyo argumento es que *"de la exploración psicopa-*

tológica no se deduce en el momento actual, la existencia de una vivencia traumática en el niño (...), por lo cual no resulta acreditada la comisión de los hechos objeto de denuncia".

FALTA DE DILIGENCIA EN LA PROTECCIÓN DE NIÑOS Y NIÑAS

Los estándares internacionales establecen que en todos los procedimientos judiciales, no judiciales o en otro tipo de intervenciones, los niños y las niñas deben ser protegidos de cualquier daño, incluyendo intimidación, represalias y victimización secundaria. Las medidas de protección deben responder a las necesidades de los niños y niñas y respetar sus derechos. Sobre la importancia de evitar la re-victimización, el Comité de los derechos del niño de Naciones Unidas en su último informe periódico sobre España instó a la Administración de Justicia española a que *"evite que los niños vuelvan a sentirse víctimas durante los procedimientos judiciales, garantizando la adecuada protección."*

En su análisis de la justicia española, la ONG encuentra que se dictan escasas medidas de protección, tanto en lo civil como en lo penal y que, cuando se han acordado, han tenido una escasa duración. Sin medidas adecuadas, se han provocado situaciones de desprotección para los niños y niñas, y eso ocurre en todos los casos analizados.

Cuando el padre es el presunto agresor no se produce un cuidado extremo en la adopción de medidas cautelares de protección adecuadas y, en todos los casos, una vez denunciados los hechos, las niñas y los niños han mantenido durante algún periodo el contacto con el denunciado, sin vigilancia.

DÉFICITS EN LA VALORACIÓN DE LA PRUEBA Y EN SU ARGUMENTACIÓN

El sobreseimiento de los casos de abuso sexual infantil se toma, a juicio de la ONG, a pesar de que los juzgados cuentan en ocasiones con material probatorio lícito y válido de cara acreditar los hechos, que generalmente suele aportar la representación legal de las víctimas. Esto puede deberse a varias causas.

Falta de motivación suficiente. En algunos casos los jueces sobreseen los casos con autos "tipo" que ni siquiera se han adaptado al contenido del caso. Esta práctica, además de incumplir uno de los deberes más fundamentales del juez de instrucción, motivar sus decisiones, es además contraria a los más elementales deberes de protección de derechos de los niños.

Asunción acrítica de los informes periciales forenses. Los juzgados tienden a admitir el contenido de los informes periciales forenses sin una valoración crítica de su metodología y contenido. Además, se tiende a darle un valor privilegiado frente a otras pruebas, incluso el contenido del testimonio del niño o los informes realizados

Por otros profesionales especializados. Por el contrario, cuando los informes los realizan profesionales ajenos a la administración pública se parte de un prejuicio que los considera subjetivos y faltos de rigor, de manera que ni siquiera valoran su contenido.

Prejuicios sobre la credibilidad de los testigos principales. En muchos casos de sobreseimiento, la decisión se apoya en el argumento de falta de credibilidad de los niños y niñas afectados, sin una motivación consistente. En uno de los casos, el juez concluye que el testimonio de la niña *"no es nada creíble, es más parece inducido por la madre, con la que convive, haciendo manifestaciones impropias de una niña de su edad y en momentos en que nada se le pregunta al respecto, como pudo ser el que en un momento determinado de su exploración, y por propia iniciativa, re riera muy seria que antes preferiría morirse que estar con su papá..."*

Por otra parte, el informe señala que resulta preocupante el automatismo y la falta de profundidad con la que se pretende vincular la falta de credibilidad de las víctimas con la manipulación materna, tanto en los casos en los que el niño o niña manifiesta rechazo hacia el denunciado como en los que refleja afinidad. El argumento común que se emplea para desacreditar el testimonio de las víctimas y sus madres es la existencia de un conflicto de pareja.

FALTA DE DILIGENCIA EN LA OBTENCIÓN DEL TESTIMONIO

Como ya es sabido, la complejidad de los casos de abuso sexual infantil radica, además de la edad de las víctimas, de que a menudo son los únicos testigos directos y muchas veces, la única prueba disponible. Esta última cuestión ya has sido suficientemente resuelta por la jurisprudencia, puesto que el Tribunal Supremo ya ha reconocido suficientemente que la edad temprana del niño no puede ser un obstáculo para desvirtuar la presunción de inocencia.

Por otra parte, la jurisprudencia también es clara en el sentido de admitir el testimonio de niños y niñas como prueba de cargo, incluso sin que éste se preste en el juicio oral. Para ello, aunque ha de respetarse en todo caso el principio de contradicción, es decir el derecho del denunciado o acusado a interrogar a la víctima, esto ha de hacerse protegiendo siempre al niño de un posible daño o re-victimización: *"acordando que la exploración de menores se realice por expertos, en presencia del Ministerio Fiscal, acordando su grabación para una posterior utilización y asegurando en todo caso la posibilidad de contradicción"* (Sentencia del TC 174/2011, 7 de diciembre de 2011). El mecanismo de garantía del derecho de contradicción que establece el Constitucional consiste en que el acusado *"debe ser informado de que se va oír al menor, y debe tener una oportunidad de observar dicha exploración, bien en el momento en que se produce o después, a través de una grabación audiovisual; así mismo debe tener la posibilidad de dirigir preguntas al menor de forma directa o indirecta, bien durante el desarrollo de la primera exploración o en una ocasión posterior."*

El Consejo de Europa, en el denominado Convenio de Lanzarote, insta a los Estados miembros a adoptar medidas, legislativas o de otro tipo, a fin de garantizar que las entrevistas a víctimas de abuso sexual infantil guarden las siguientes cautelas:

a. Tengan lugar sin demoras injustificadas.

b. Se realicen en espacios concebidos y adaptados a tal fin.

c. Se lleven a cabo por profesionales debidamente formados a tal efecto.

d. En la medida de lo posible siempre sea entrevistado por las mismas personas.

e. El número de entrevistas se limite al mínimo posible y en la medida estrictamente necesaria para el desarrollo del procedimiento penal.

f. El niño pueda estar acompañado por su representante legal o, en su caso, por un adulto de su elección.

El análisis de la situación en España según *Save the Children* revela algunas deficiencias. La primera tiene que ver con la irrelevancia de las pruebas practicadas respecto al objetivo del examen pericial. Por ejemplo:

> El juzgado pidió a la psicóloga que realizara un examen de la credibilidad del testimonio de la niña. Sin embargo, la profesional no realiza la valoración solicitada ni utiliza pruebas al efecto, sino que entra a valorar la relación de la niña con el padre y la madre, a la que atribuye comportamientos manipuladores. El informe concluye con la sospecha de que la denuncia de abusos sexuales es una "denuncia falsa" y recomienda un cambio de guarda y custodia de la niña a favor del padre.

En este caso, la psicóloga basó su recomendación de cambio de custodia en dos pruebas: el TAMAI, un test de adaptación general del menor, y la denominada como prueba del "árbol-casa-persona", una prueba proyectiva de personalidad que carece de suficiente rigor y aceptación científicos. Ninguna de ellas guarda ninguna relación con la credibilidad del menor.

Además, se han documentado casos en los que se emplean técnicas inadecuadas y hasta traumáticas. En uno de ellos, durante la exploración judicial, y en presencia del juez de instrucción, la abogada de la acusación y una psicóloga forense, la niña de cinco años de edad relata las agresiones sufridas:

> Antes de terminar la exploración se le pide que repita con gestos, sobre su propio cuerpo, los detalles de cómo y dónde le había agredido el padre. Ante la petición de que

represente lo vivido sobre sí misma, la niña se paraliza y renuncia a continuar el relato tapándose el rostro con un abrigo. Este gesto y el lenguaje maduro (con un CI elevado evaluado) de la niña son interpretados por el juez y la fiscal como un indicador de falta de credibilidad del testimonio de la niña, que motiva el sobreseimiento provisional de la causa.

En otro caso, se detecta el uso de prácticas que claramente faltan al respeto del menor y que, en cierta medida, podrían resultar hasta traumáticas. Una psicóloga está preguntando sobre las posturas en que se produjeron los abusos sexuales y relata:

> *"Me pongo de pie delante del niño que está a cuatro patas para hacer que soy su padre y obviamente la distancia que habría desde el suelo hasta el pene de su padre es demasiado grande como para que pudiera realizar una felación"*, y aún en esa postura la psicóloga le pregunta al niño *"¿Llegas? ¿Cómo pudo ser eso?"*, a lo que el niño responde *"No sé. Prefiero hablar."*

Una niña de ocho años había expresado su rechazo al padre en varias ocasiones, tras la segunda denuncia cursada por el hospital por un presunto abuso sexual por parte del padre, el juzgado ordena un examen pericial y entrevistas psicológicas con el padre y la madre. La perito decide que quiere entrevistar conjuntamente al padre y a la hija, para *"analizar la interacción"* sin sopesar el impacto que esa práctica puede tener en la niña.

Otras veces lo que ocurre es que se obtiene y valora el testimonio de las víctimas sin tener en cuenta sus características de desarrollo. Por ejemplo, indicios como la incapacidad para ubicar los hechos en el tiempo, o un relato de los mismos de manera poco emocional, se interpretan como indicadores de falta de credibilidad o contradicciones, ignorando la dificultad que tienen los menores para ubicar sus recuerdos en el tiempo, y más si se trata de sucesos repetidos, y en el segundo, no teniendo en cuenta que esa ausencia de emocionalidad puede ser también un signo defensivo en casos de abuso sexual infantil.

En un caso se duda del testimonio de un niño de 4 años y de otro de 6, cuyos relatos coinciden en el hecho de que el padre le introduce un objeto *"como un taladrador pero que se enchufa"*, porque la psicóloga toma la descripción en sentido literal y concluye que *"el testimonio no es consistente con las leyes de la naturaleza ya que de ser cierto lo relatado el mecanismo lesivo produciría lesiones graves en la región anal y perianal que requeriría necesariamente intervención médico-quirúrgica"*.

En este mismo caso, el médico forense argumenta que la presencia de fisuras anales del niño de 4 años no guarda relación con la violencia sexual por la inexistencia de excoriaciones, que acreditarían la *"lógica"* resistencia a los abusos sexuales. Parece no contemplarse suficientemente la posibilidad, mucho más adecuada a su edad y al tipo de relación con el denunciado (su propio padre): la falta de resistencia.

Otra deficiencia que se señalan son la atribución del examen a profesionales no adecuados, como equipos psicosociales especializados en asuntos de familia, y no de víctimas.

¿QUÉ PUEDE HACER EL CRIMINÓLOGO EN ESTE ÁMBITO?

Uno de los problemas que se identifican en este informe de *Save the Children* es la falta de especialización de los y las profesionales intervinientes. Paradójicamente, cuando el menor es el infractor sí cuenta con jueces, fiscales y profesionales especializados en menores, pero esto no es así cuando es una víctima. Y es en este sentido en el que quiero orientar mi intervención. El criminólogo lo que tiene que hacer es especializarse, y ello para facilitar la adecuación de las prácticas del sistema penal en el ámbito del abuso sexual infantil.

Parece claro que parte de las deficiencias que detecta el informe tienen que ver con la falta de conocimiento de los profesionales de la justicia sobre las características y particularidades del abuso sexual infantil. Es precisa una intervención en formación para que jueces, fiscales y abogados en general cuenten con un conocimiento más adecuado, tanto del delito como de sus víctimas. El objetivo sería educarles para modificar, por ejemplo, los prejuicios que tienen sobre la credibilidad de los niños, para estimular que empleen los medios precisos para proteger al menor y evitar su victimización secundaria, para que cuenten con información adecuada para valorar la credibilidad del testimonio en concreto, y sobre la sugestionabilidad infantil en general.

Por otra parte, un criminólogo debidamente especializado también puede contar con las competencias precisas para actuar como perito forense en casos de abuso sexual infantil. En la formación de grado el criminólogo obtiene competencias en derecho procesal y penal por un lado, y en psicología criminal y del testimonio que pueden ser una buena base sobre la que construir una especialización en criminología forense.

El objetivo primario del criminólogo debe ser, por tanto, obtener especialización. En la actualidad, y en ausencia de formación de postgrado específica para criminólogos en el ámbito del abuso sexual infantil, los medios más adecuados y disponibles serían los cursos de ciencias forenses o psicología forense.

REFERENCIAS BIBLIOGRÁFICAS

- Directiva 2011/92/UE del Parlamento Europeo y del Consejo de 13 de diciembre de 2011 relativa a la lucha contra los abusos sexuales y la explotación sexual de los menores y la pornografía infantil y por la que se sustituye la Decisión marco 2004/68/JAI del Consejo.

- Orjuela, L., Rodríguez, V (2012) *Violencia sexual contra los niños y las niñas. Abuso y explotación sexual infantil*. Save the Children España.

- Sentencia del Tribunal Constitucional 174/2011, 7 de diciembre de 2011.

LA AUTOPSIA PSICOLÓGICA APLICADA A CASOS DE HOMICIDIOS

EL MAPI CRIMINAL

MARÍA FAUSTINA SÁNCHEZ. JEFA DEPARTAMENTO DEL INSTITUTO
MEDICINA LEGAL Y CIENCIAS FORENSES. M. F., DE EQUIPO DE VALORACIÓN
FORENSE INTEGRAL PARA LA VIOLENCIA. PROFESORA ASOCIADA UMU.
CRIMINÓLOGA.

DEFINICIÓN

Es una investigación retrospectiva, que se inicia con la muerte inesperada e inexplicable de una persona, y cuya finalidad es conocer su perfil psicológico, motivaciones, estado mental antes de su muerte y circunstancias que han motivado la misma. Consiste en un proceso indirecto de búsqueda y análisis de información respecto al comportamiento de una persona que ha fallecido.

El objetivo es acercarse a la comprensión de las circunstancias de su muerte. También sirve para la elaboración de perfiles de criminales desconocidos. En suicidios permite aportar información para ayudar a la familia a comprender la muerte y superar el duelo actuando como método de prevención de futuros suicidios.

PRINCIPIO BÁSICO DE LA AUTOPSIA PSICOLÓGICA

La víctima deja evidencia psicológica en la escena de la

muerte, en los espacios que habitó y en sus obras. Por medio de esta técnica se buscan las huellas psicológicas que el psiquismo y la conducta de una persona han dejado en vida. El criminal igualmente deja su "sello" durante la ejecución de su delito.

Estas huellas psicológicas permiten:

- Reconstruir la personalidad del fallecido.

- Conocer sus motivaciones para el suicidio o descartarlas (suicidios típicos/atípicos).

- Conocer el estado mental en el momento de la muerte: compatible o no con suicidio.

- Conocer el entorno y factores que hayan influido en la muerte y posible autor de la misma: *modus operandi*.

- Análisis de la evidencia del comportamiento: interpretación de hallazgos en el levantamiento del cadáver y en la autopsia acerca de características del autor de un crimen mediante la recolección de indicios.

- Diferenciar muertes accidentales de suicidas u homicidas.

En casos criminales, su utilidad se expande a:

- En la Autopsia Psicológica, se hace necesario revisar el posible vínculo entre victimario y víctima, para lograr un adecuado diagnóstico del hecho que se investiga.

- Reduce el número de sospechosos, al ayudar a vincular diferentes casos criminales y a desarrollar nuevas líneas de investigación en casos no resueltos.

En lo referente a la historia de esta técnica, ya en la última década del S. XIX, en 1888, George B. Philips, patólogo forense, había analizado las lesiones o heridas de las víctimas para inferir el perfil del victimario en el caso de Jack el Destripador. Diseñó el método modelo – herida; este modelo se basaba en la comprensión de la naturaleza de las lesiones de la víctima como base para la elaboración estadística del perfil del delincuente.

A partir de las heridas de las victimas trazó una relación entre ellas y las atribuyó al mismo autor tratando además de observar pautas de comportamiento y darle una intencionalidad por el tipo de lesiones que presentaban sus víctimas. Además parece que fue capaz, siguiendo su análisis, de descartar que una de las mujeres muertas fuese víctima del mismo autor (aparece meses después de la primera del destripador y no respondía al mismo perfil. Su nombre era Alice McKenzie).

Durante ese mismo siglo, Vidocq, criminal francés reconvertido, creó lo que sería la primera policía: la *sureté*, bajo el lema de solo el criminal puede detener al criminal. Pues solo el criminal conoce la mente del criminal.

En los años cincuenta del siguiente siglo, en la ciudad de Los Ángeles (EEUU), el Doctor Shneidman y Farberow, describieron en detalle el procedimiento de disección basada en datos biográficos y de las circunstancias de la muerte.

En 1957, Brussel, psiquiatra, hizo un retrato de un asesino en serie: el bombardero loco, en Nueva York. Fue el primer intento de perfilación, en el que intentó explicar el comportamiento criminal comparándolo con alteraciones de algunos de sus pacientes. Hizo un retrato conductista de un asesino serial. En 1964, Brussel volvió a participar en la investigación del famoso Estrangulador de Boston (Albert de Salvo).

A partir de finales de los 70 y en adelante toma impulso la técnica de perfilación basada en la construcción del comportamiento, *modus operandi*, de delincuentes conocidos. Ejemplos de estos estudios se encuentran en autores conocidos como Turvey, Hartman, Ressler y Burgess, entre otros.

Finalmente y tras años de abandono de la técnica en casos criminales por las dificultades en el caso del Estrangulador de Boston, se puso en marcha un proyecto de análisis de la conducta criminal, el Proyecto de Investigación de Personalidad Criminal, realizando un estudio de comportamiento en asesinos presos y estableciendo perfiles criminales sobre todo para investigación de en crímenes sexuales. Nació así en los años 80 el VICAP (Programa de detencion de criminales violentos, *"Violent Criminal Aprehension Program"*, en inglés) que actualmente pertenece al Centro Nacional para el Análisis del Crimen Violento del FBI.

Hazelwood y Douglas del FBI hicieron una contribución a la literatura con su clasificación de homicidios por tipo, estilo y número de víctimas, describiendo el homicidio como simple, doble, triple, asesinato en masa clásico y familiar, asesino serial y asesino itinerante, organizado y desorganizado.

Asimismo, a finales de los ochenta, los agentes de la Unidad de Ciencias del Comportamiento del FBI empezaron a trabajar en la clasificación de los crímenes usando el Manual Diagnóstico y Estadístico (DSM) de la Asociación Americana de Psiquiatría (APA). Se clasificaron los crímenes de asesinato, incendios y abusos sexuales, y se conformó el Comité "Advisory Committee Representing Federal and Private Association".

METODOLOGÍA

TIPOS DE TÉCNICAS

A. Inductiva: a partir de las características conductuales y demográficas compartidas por otros criminales que han sido estudiados con anterioridad y que encuadran con el mismo patrón de comportamiento mostrado en forma individual.

Se basa en estudios formales de criminales encarcelados. Sus fuentes se componen de datos públicos, estadísticas, geografía e informática.

B. Deductiva: se basa en el análisis de la evidencia del comportamiento *"o proceso de interpretar material sensible significativo forense hallado en el escenario del crimen, en la necropsia y en el estudio de la víctima y, a partir de esos patrones particulares de comportamiento, deducir características demográficas y psicológicas del criminal, y su motivación para el crimen"*. En esta técnica se retoma el Modelo-Herida de Philips. En general, la técnica consiste en la interpretación de datos del escenario y víctima. Se sustenta en tres tipos de fuentes: el material sensible significativo, las características del *"escenario de la muerte"* y la Victimología.

El término *offender profiling* (perfil del delincuente) fue creado por los agentes del FBI en el centro de entrenamiento de Quántico (Virginia Oeste) en los años 70. Se trataba de realizar su *"retrato psicológico"* del delincuente. Para su conformación, se deben buscar aspectos de su personalidad, su forma de actuar, su motivación, demografía en relación a sus crímenes, etc. Se describe un tipo de persona, no una en particular.

En 1960, en Inglaterra, la aportación a la técnica de elaborar perfiles fue de Palmer, quien publicó los resultados de un estudio realizado a lo largo de tres años con 51 asesinos condenados. La contribución de este estudio fue construir un retrato verbal de un asesino utilizando términos psicológicos.

En la década de los setenta, el agente federal de investigación Howard Teten comenzó un programa de perfil delictivo en la sección policiaca de California (Estados Unidos), tratando de enseñar tácticas para realizar perfiles de delincuentes como una apoyo a la investigación; su principal contribución fue la implementación de una cátedra sobre perfiles criminales dirigida a los agentes del FBI, cátedra que fue de gran ayuda, ya que cinco años después de trabajar desde la teoría (1975), los profesionales del FBI se enfrentaron a un caso de homicidio sexual con marcada violencia (amputación de ambos pechos, sistema reproductivo desplazado, cuerpo con cortes y heridas de puñal, señales de antropofagia) y para organizar la información desarrollaron una clasificación que diferenciara el asesinato sádico del asesinato sexual.

Pasados dos años, en 1977, Groth, Burguess y Holmstrom, investigaron 225 casos de violación tomando como fuente 133 violadores y 92 víctimas. En este estudio encontraron que los motivos que predominan en los violadores son básicamente cuatro: el 44% correspondió sentimientos de poder, el 21% correspondió a reafirmación del sentimiento de poder, 30% a la ira o venganza y el 5% a la ira–excitación. Esta primera clasificación de los motivos de los violadores es una contribución importante para el inicio de las investigaciones sobre principales motivos por los que actúa el agresor.

Afirmaron Ault y Reese que en 1.978 se inició un proyecto piloto de análisis psicológico criminal con el fin de formular perfiles mediante entrevistas de investigación con criminales encarcelados, llamado: Programa de interrogación sobre la personalidad criminal. Tenía por objeto establecer las características, motivaciones, actitudes y comportamientos más sobresalientes de los delincuentes involucrados en tipos específicos de crímenes con el fin de preparar programas informáticos para procesar los datos, previendo que a medida que esta base de datos se fuera acumulando, proporcionaría información acerca de varias clases de delincuentes.

MÉTODO: TRES FASES

ETAPA PREVIA: RECOLECCIÓN DE DATOS. FASE DOCUMENTAL

Contexto sociocultural donde ocurrió el crimen: situación geográfica (vías de comunicación, clima), idiosincrasia (cultura, política), idioma, religión predominante, situación social y económica, etnia predominante, índices criminales (estadísticas criminológicas, archivos, etc.) con el objetivo de dimensionar adecuadamente el crimen. Es una fase preliminar.

Proteger la escena: cercar el área donde se halló el cadáver en un perímetro para que en dicha área se pueda reunir información como tomar fotos de la posición del cuerpo, realizar gráficos y tomar notas de los más pequeños detalles durante la investigación. Fijar la escena.

SEGUNDA FASE. DE INVESTIGACIÓN DEL PERFIL

A) Estudio de la víctima. Se utiliza la Autopsia Psicológica (MAPI), que ha de proceder de los datos documentados, de lo observado y de la información obtenida de testigos cercanos (familiares, amigos y compañeros trabajo o estudios). El objetivo es extraer rutinas, costumbres y relaciones. La autopsia psicológica ha de incluir el domicilio, la reputación en el trabajo y en el vecindario, una descripción física hasta de su ropa, el día del incidente, su estado civil, hijos, parientes, nivel de educación, situación financiera, datos y antecedentes de la familia, historial médico y psicológico, temores, hábitos personales y sociales, uso de sustancias psicoactivas, pasatiempos, amigos y enemigos, cambios recientes en su estilo de vida, cualquier juicio en tribunales, antecedentes, la última vez que fue vista, edad, personalidad, etc.

B) Entrevista a testigos: tanto presenciales como investigadores

C) Análisis de la escena *in situ*. Se estudia el método de acercamiento a la víctima que realizó el ofensor, el método de ataque, el tipo de situación, los materiales que se usaron, la actividad verbal y los actos preventivos.

La escena del crimen puede no ser una sola, sino varios

lugares que sirvieron de contexto a los hechos. Por ejemplo, puede ser distinto el lugar donde la víctima fue abordada, al lugar donde ocurrió el crimen y también el lugar donde se depositó el cadáver.

LA RECONSTRUCCIÓN DEL CRIMEN

Se reconstruye la secuencia de sucesos y el comportamiento tanto del asesino como de la víctima; además, se indica:

- cómo pasaron las cosas;

- cómo se comportaron las personas;

- y cómo se planificó y organizó el encuentro.

TERCERA FASE. FASE DE ANÁLISIS O RECONSCTRUCCIÓN POSTERIOR A LA REALIZACIÓN DEL PERFIL

Una vez que el perfil criminal tiene congruencia, se remite un informe por escrito a la autoridad que lo solicitó y este informe es incorporado a la investigación. Habiendo obtenido la información de la víctima y de los testigos, se reúnen a los sospechosos que encajan en el perfil y son evaluados.

Si este proceso termina con la identificación y detención del asesino, el perfil ha cumplido su objetivo.

Si salen nuevas pruebas o no se identifica a ningún sospechoso, entonces tiene lugar una reevaluación. Toda la información es examinada otra vez y se vuelve a validar el perfil.

RESULTADOS

Cuando se logra una detención o una sentencia conde-
natoria, se comparan los datos reales con el perfil elaborado; si el sospechoso confiesa, es importante hacerle una
entrevista detallada para controlar que todo el proceso
del perfil haya sido válido.

Durante el proceso de elaboración del perfil se deben
tener en cuenta ciertos aspectos de la víctima o de la
escena del crimen que pueden ser observados de los cuales se pueden extraer inferencias psicológicas.

La evidencia psicológica requiere observación y perma-
nencia en la escena del crimen. La evidencia psicológica
primordial que busca el preparador del perfil es el motivo.

Es muy importante que esta técnica se limite a los crímenes en donde no se evidencie motivo alguno. Puede ser
que las conductas sean realizadas por los agresores para
darle salida a sus fantasías y a sus necesidades psicológicas.

Hay motivos tales como el financiero, afectivo o el sentimiento de venganza, y se deben agotar todas las pistas
lógicas antes de utilizar esta herramienta.

MAPI CRIMINAL

Los datos a procesar son:

1.Análisis del hecho o crimen: frecuencia de los crímenes,
mecanismo destructivo, hallazgos macroscópicos, labora-
torio, histopatología, documentos, estudio criminalístico,
policial, psicológico, lofoscópico, trabajo social o del criminólogo.

Se han de documentar todos los indicios criminalísticos de la escena: manchas, Lofoscopia, lesiones, objetos significativos etc., y llevar a cabo el cotejo.

Lo antes citado se adapta en forma precisa a la elaboración de perfiles para los suicidios típicos y atípicos. Lo único a permutar es la palabra "criminal" por "suicida" y utilizar ambos métodos en forma multidisciplinaria.

2.De la víctima. Datos socio-demográficos: edad, sexo, además del domicilio, rutinas y costumbres. Se ha de averiguar la relación consigo, con los demás y con las cosas, así como con el autor de su muerte, ¿lo conoce?

Se ha de llevar a cabo una investigación de antecedentes personales: problemática familiar (duelos, divorcios, violencia de género), escolar, laboral, económica, judicial y religiosa; cambios de conducta, trastornos psiquiátricos, patologías incurables e intentos suicidas. Entre otros aspectos, también se incluyen rasgos de personalidad e intereses.

3.Del escenario del crimen: análisis completo, metódico, descriptivo, minucioso e ilustrativo, el cual, en las conductas suicidas, generalmente concuerda con el lugar de los hechos y debe comprender:

- Domicilios y lugares diversos: tipo y ubicación del lugar.
- Orden en el escenario.
- Violencia en el escenario.
- Instrumentos utilizados.
- Mensajes pre-mortem.
- Situación del cadáver.

- Vestimenta.

- Horario.

- Objetos especiales o recuerdos, marcas, señales que se repiten.

- Evidencia conductual: nota suicida o señales especiales.

- Evidencia física: método empleado.

- Señales previas.

4. En casos donde se sospecha de criminalidad o conducta criminal:

- Punto de contacto, (escena primaria, secundaria e intermedia).

- Lugar de abandono del cuerpo.

- Método de aproximación.

- Método de ataque (empleo de la fuerza).

- Método de control.

- Cuerpo en la escena (posición, cómo llego, por qué ahí, condición, se ajusta al crimen, expresividad o significado).

- Manipulación de la escena.

- Marcas o señales. Souvenirs. Como ejemplo, partes de la víctima, prendas, objetos personales.

5. Modus operandi (conductas instrumentales). Entre otras, se puede encontrar:

- Riesgo del delincuente/riesgo de la víctima. Ocasional, ritual, conocida.

- Riesgo del modus operandi: fácil huida; precauciones; planificación.
- Disciplina, habilidad o profesión.
- Conocimiento de la víctima.
- Conocimiento particular de la escena.
- Protege identidad.
- Éxito criminal (confianza/habitualidad).
- Número de delincuentes posibles.
- Selección del lugar, ruta seguida, vigilancia previa de la víctima
- Fantasía del agresor, empleo de armas, utensilios específicos.
- Naturaleza y extensión de las heridas de la víctima: intencionalidad.
- Método de asesinato: se repite; ritual.
- Oficio o experiencia profesional en relación al método empleado.
- Influencia de la prensa.
- Estado de ánimo.
- Factores inesperados: detención por otros delitos por ejemplo.
- Deterioro del modus operandi (paso del tiempo, edad, enfermedad).

6. Firma del delincuente (estática y expresiva), que engloba:

- Necesidades emocionales (carencias, compensaciones, refuerzos).

- Compulsiones: más o menos impulsivo, precisión, así como

- Obsesiones

- Tipo de motivación.

- Sadismo.

- Conductas (expresivas).

- Posibles mensajes implícitos.

- Zona de comodidad o mundo favorito.

- Evolución de la firma.

- Fantasía subyacente.

- Actos innecesarios o rituales (hemos visto en la victima pero también en el lugar o en la forma de ejecución).

7. El Perfil geográfico, que incluye:

- Método de transporte, diferentes caminos.

- Interés del lugar de origen y destino: alejado, aislado; condiciones especiales necesarias para la ejecución del crimen.

- Conocimiento de los caminos (seguridad).

- Número y tipo de obstáculos.

- Rutas alternativas: sitio del crimen, rutas, autovías y uso del terreno.

- Límites físicos y psicológicos.

- Demografía del vecindario.

- Posible desplazamiento.

- Método de búsqueda. Oportunidad para cometer el crimen.

8. Perfil del Criminal Desconocido.

- Actuación solitaria o en complicidad, ¿casos similares?

- Demografía del autor (edad, sexo, nivel educativo, ocupación, estado civil, procedencia).

- Características físicas (peso, estatura, etnia, defectos o marcas).

- Antecedentes delictivos previos.

- Características psicológicas (motivación, patología, inteligencia, autocontrol, consumo drogas, relaciones familiares, relaciones sociales e historia sexual).

- Predicción nuevo crimen (volverá, tipo de víctimas, tiempo aproximado, posible lugar, modificación de su M.O.).

- Cambio de actitud después del crimen (pautas sociales, laborales, actividad laboral, rutinas y equilibrio emocional).

- Organizado, desorganizado, mixto.

- Tipo según método de ataque: psicópata, psicótico o deshumanizado.

REFERENCIAS BIBLIOGRÁFICAS

- Ault, R. L., Reese, J. T. (1980) *Psychological assessment of crime – Profiling*. FBI Law Enforcement Bulletin, Vol. 49, Issue 3, 22-25.

- Burgess, A., Douglas, J., Burgess, A. (1997) *Classifying Homicides and forensic evaluations.* Crisis Intervention, 3, 199 –215.

- Hazelwood, R. R., Douglas, J. E. (1980) Lust murderer. *FBI Law Enforcement Bulletin*, Vol. 49, Issue 4, 18-22.

- Otin del Castillo, J. M. (2013) *Psicología Criminal,* Ed. Lex Nova.

- Turvey, B. (1999) *Criminal Profiling: An Introduction to Behavioral Evidence Analysis.* London: Academic Press.

INSERCIÓN E INTEGRACIÓN SOCIO-LABORAL DEL INFORME CRIMINOLÓGICO

JUAN ANTONIO ESCUDERO MOTOS. CRIMINÓLOGO. PERITO JUDICIAL.

L a Real Academia de Española define insertar como "incluir, introducir algo en otra cosa", mientras que extiende a integrar las siguientes acepciones:

1. Dicho de diversas personas o cosas: constituir un todo.

2. Completar un todo con las partes que faltaban.

3. Hacer que alguien o algo pase a formar parte de un todo.

Este es el punto de partida que marca la siguiente exposición. Es necesario insertar e introducir el informe criminológico en el ámbito social y laboral, pero no de cualquier modo, ni a cualquier precio, sino constituyendo un elemento unitario junto con el resto de herramientas de estudio del delito, la víctima, el delincuente y los medios de control social

A nivel social y cultural, las barreras que debemos derribar están compuestas por sesgos y estereotipos, siendo necesario mejorar la difusión de la Criminología para acercar la realidad a esta ciencia, prácticamente desconocida en nuestro país como tal.

En cuanto al ámbito laboral, se ha de demostrar la utilidad de los expertos en la materia y conseguir la categorización del criminólogo como profesional. No se debe olvidar el intrusismo que, con el paso de los años y la ausencia de una figura predominante, ha ido invadiendo nuestro ámbito. El carácter interdisciplinar es la herramienta más útil que poseemos para abrirnos paso.

No obstante, surgen problemas debido a esta interdisciplinariedad, que tiende a corromperse por el relativismo y falta de concreción doctrinal. Por un lado, aparecen conflictos intra-profesionales ya que han nacido distintas titulaciones, a lo largo y ancho de la península, que pretenden alcanzar el estatus de Criminología. Esto nos aleja del necesario objetivo de la unificación de esta ciencia, que acaba por diversificarse en exceso.

En lo que respecta a los problemas interprofesionales, se hace de nuevo referencia al intrusismo de otros expertos que, si bien no se introdujeron en nuestras actividades con voluntad de arrebatárnoslas, ahora las ocupan y se muestran reticentes a abandonarlas o abrirlas a otros profesionales

¿CUÁL ES LA RESPUESTA INSTITUCIONAL COMÚN AL DELITO Y LAS TENDENCIAS ANTISOCIALES?

Más que una respuesta, es una actitud. Para este tipo de instituciones, el delito es una cuestión de coste, tanto económico como social. La sociedad es lastimada por un fenómeno delictivo que admite e integra debido a su postura omisiva frente al mismo, permitiendo la afección que se deriva al eludir ciertos costes necesarios para su remisión. Esto es, dado que la criminalidad no se trata como debiera, no se asume como un problema científico que requiere verdaderos profesionales al respecto, sus consecuencias acaban por resultar más costosas a largo plazo de lo que hubieran resultado las soluciones.

Así, la respuesta mayoritaria antes cuestiones criminológicas acaba por ser la represiva o reactiva, actuando una vez que el delito crece y perjudica, guiando a las instituciones a través de un criterio resultadista que se aleja de estudios o análisis científicos. De este modo no se está luchando eficientemente contra el fenómeno delictivo, sino paliando sus síntomas, lo que se traduce en una supervivencia constante del mismo.

La represión y ataque a las consecuencias del fenómeno delictivo, tanto a corto, medio como largo plazo, suponen un gasto y esfuerzo mayor y menos efectivo/eficiente/eficaz que una prevención primaria y secundaria regular y estable.

ORIENTACIÓN Y ASESORAMIENTO PERICIAL

El Criminología debe, o debería, poder asesorar y orientar durante el proceso de investigación del caso, así como en la redacción de cuestiones para el juicio, desde una perspectiva criminológico-policial.

Tras estudiar el campo del desempeño de nuestra labor, bien en conjunto con la del letrado, bien asesorando a la Administración de Justicia durante un proceso judicial abierto, he hallado las siguientes necesidades que podrían ser satisfechas por los conocimientos de un criminólogo de profesión:

- El estudio y análisis del atestado policial.

- Peritaciones y contra-peritaciones criminalísticas: Lofoscopia, Documentoscopia y Grafoscopia.

- Labores investigativas al servicio del abogado, con el fin de aportar nuevos datos o aclarar los existentes.

- Análisis de la etiología del delito y de las circunstancias y elementos que lo componen (espacio, tiempo, modus operandi, víctima) en vistas a la posible concurrencia de atenuantes o agravantes, u otros datos de interés.

- Asesoramiento en el proceso de mediación y en la elaboración de propuestas de conciliación entre las partes.

- Estudio pormenorizado de las declaraciones y testimonios de los intervinientes en el caso, en busca de contradicciones u otros datos que aporten información de interés.

- Diagnóstico de riesgo criminal:

  ◦ Estudio de predicción del riesgo de conductas delictivas y/o de reincidencia.

  ◦ Informes de valoración criminógena en asuntos de menores y/o derecho de familia.

- Desarrollo de propuestas de tratamiento, rehabilitación, reinserción así como estudio de viabilidad de penas alternativas.

- Asesoramiento en casos de violencia de género: atención especializada a la víctima, aplicación de protocolos psicosociales de actuación para reducir victimización secundaria, etc.

- Informes técnicos de motivación o desacuerdo con la adopción de posibles medidas cautelares, en base a criterios criminológicos.

TRABAS PRÁCTICAS FRECUENTEMENTE ENCONTRADAS

A continuación expongo aquellos aspectos que, durante mi experiencia como criminólogo autónomo, generaron mayor controversia.

Comenzar por el ya mencionado problema del intrusismo. En ocasiones, al tratar con determinados profesionales que podrían beneficiarse de la labor de un criminólogo, la influencia de ciertos sesgos o concepciones, derivados del desconocimiento de nuestra función, genera la idea de que el criminólogo no está capacitado para esas labores, con el argumento de que es tarea de letrados, de la policía o de psicólogos, etc. El grado en Criminología es per se una titulación habilitante, cuyo ámbito de estudio y aplicación debe ser concreto y operativo, sin generar confusión con otras disciplinas o ciencias.

Dicho esto, una licenciatura, grado o postgrado –o máster– no convierte a un individuo en un profesional al instante. Es necesario realizar un proceso de integración de todo lo aprendido con miras a extraer el mayor provecho práctico en un ámbito laboral. Es frecuente para el criminólogo descubrir que no posee la preparación suficiente como para encontrar su espacio en el mercado. Quizá sería conveniente acercar más a la realidad laboral los contenidos teóricos y prácticos de la formación en Criminología y concretar las profesiones a las que se opta tras finalizar la misma.

De otra parte afirmar que una de las mayores trabas que encuentra el criminólogo es el vacio de regulación específica. La existencia de una regulación genérica, como puede suponer aquella que reconoce la Criminología como ciencia o estudio universitario, no alcanza a controlar y expresar todos los aspectos que debiera y nos abandona en un espacio de "inseguridad jurídica", tanto para el criminólogo como para quien desea saber más acerca de lo que éste puede aportar a su negocio. Ante la posibilidad para un letrado de solicitar un informe criminológico surgen dudas como: ¿Podré presentar esto en juicio? ¿Se admitirá como prueba?

El criminólogo debe detallar qué puede aportar como profesional a ese trabajo, cuestionarse cuál es el valor añadido que se puede derivar de su tarea y de este modo espolearlo e incentivarlo. Especificar es una de las primeras tareas pendientes, pero no sólo para el criminólogo, también para el Estado

DOCUMENTO DE CARACTER TÉCNICO

El instrumento básico para que los criminólogos desarrollen adecuadamente su cometido profesional es el informe criminológico. No sustituye a otros informes periciales mencionados en el art. 456 de la LECrim:

> El Juez acordará el informe pericial cuando, para conocer o apreciar algún hecho o circunstancia importante en el sumario, fuesen necesarios o convenientes.

Se trata de conocimientos científicos o artísticos. Constituiría, en cualquier caso, un informe "pericial" por poseer un estudio previo y una aplicación técnica sobre un área de conocimiento determinada. La actividad pericial no se limita a un campo, sino que abarca todos los ámbitos del saber, incluyendo el criminológico.

¿UTILIDAD?

En el ámbito judicial y forense, la utilidad de un criminólogo durante la instrucción parece evidente, dado sus conocimientos y capacidad investigativa. Durante la fase de enjuiciamiento, el criminólogo podría encontrarse en los siguientes ámbitos:

- Ejecución y cumplimiento.
- Medidas cautelares o de protección.
- Prisión provisional.
- Labores investigativas.

Asimismo se ha de detectar lo interesante que sería la posibilidad de que cada juzgado de guardia (de instrucción) contase con un criminólogo para desempeñar entre otras, estas funciones:

- Actividad probatoria

    ○ Presentación del informe criminológico en el juicio oral.

    ○ Valoración judicial de elementos criminológicos útiles para dicta sentencia (asesoramiento).

    ○ Competencia mixta: análisis de los dictámenes de otros especialistas y revisión de los expedientes jurídicos y el atestado policial

- ○ Sustitutivos penales.

- ○ Medidas de seguridad.

- ○ Reinserción/rehabilitación.

- ○ Vigilancia penitenciaria.

En concreto un estudio de opinión desarrollado por Climent, Garrido y Guardiola (2012) preguntaba a jueces españoles en qué funciones o momentos procesales considerarían útil una valoración científica, previa a la toma de decisiones. Estas fueron sus respuestas (Climent, Garrido y Guardiola, 2012):

- • Antes de dictar la libertad provisional.

- • Antes de decidir las medidas adecuadas para controlar al imputado en situación de libertad provisional.

- • Antes de decidir la suspensión de la pena de prisión y las medidas de control a aplicar.

- • En la imposición de las medidas de protección de menores en delitos de violencia de género, sustracción de menores, etcétera.

- • En la sustitución de medidas que han resultado ser ineficaces.

- • En la valoración de elementos criminológicos útiles para dictar sentencia.

- Para evaluar el riesgo de reincidencia.

- Para establecer medidas o penas complementarias.

- Para establecer las medidas adecuadas para ayudar a la víctima.

ÁMBITO SOCIOLABORAL

En este ámbito, el informe criminológico ha de enfrentar y diferenciarse de la pericial psicológica, la pericial médico forense, del informe puramente criminalístico y de otros peritajes afines.

Se trata de discernir aquel que más procede en cada asunto concreto. Pero debido al carácter interdisciplinar, la Criminología puede aportar al caso un valor añadido y una visión holística y global que otros peritajes no poseen.

Esto no conlleva que el informe criminológico sea la panacea o superior que el resto de periciales. Pero sin duda nuestra ciencia tiene un objeto de estudio propio y unos elementos sustantivos y originales que, durante un proceso judicial, habilitan para aportar una síntesis criminógena de todas las materias, así como para analizar la realidad psico-bio-social del individuo o reconocer factores de protección, frente a otros que se consideren criminógenos.

En definitiva, se trata de realizar un ejercicio de comprensión y categorización que re-distribuya las tareas entre los distintos profesionales, no manipulando espacios laborales con tal de contentar, sino edificando un sistema mucho más eficiente y eficaz.

EL CRIMINÓLOGO Y LA ADMINISTRACIÓN DE JUSTICIA

Sin duda, se ha producido una expansión de la Criminología como ciencia y del informe criminológico como instrumento científico desde el que continuar con dicha expansión. Existe una mayor difusión e inserción en distintos ámbitos y contextos, pero quizá a nivel superficial, sin llegar a ser operativa y fáctica.

Es necesario destacar, de entre todos los contextos posibles, el judicial, como vía directa y lógica de integración del informe criminológico y de nuestra labor. Así, en los tribunales el criminólogo podría actuar de parte a través de la representación legal, o mediante el auxilio técnico y de oficio, a la Administración de Justicia.

Al fin y al cabo, el criminólogo aportaría determinados conocimientos empíricos sobre aspectos no normativos que apoyarán la capacidad ponderativa del Juez y/o jurado (operador judicial). Como afirma Molina, las áreas en las cuales el juzgador puede decidir de manera apropiada, *"tomando sólo como base su cultura o su sentido común, se han vuelto verdaderamente más reducidas"* (Molina, 2013).

Para llevar estas propuestas a la práctica, se debe realizar un cambio en los operadores jurídicos. En teoría, la utilidad del criminólogo y su informe es más que obvia, suponiendo un valor añadido y de éxito en la instrucción y resolución de los procedimientos, pudiendo :

- Ayudar a tomar una decisión de la libertad o prisión provisional, o medidas cautelares.

- Intervenir en casos de violencia de género y en los accidentes de tráfico.

- Valorar el peligro de la reiteración del hecho delictivo (capacidad del imputado para facilitar la repetición de los actos delictivos).

- Perfilar al delincuente en la investigación (delitos sexuales, seriales, incendios).

- Aportar diagnóstico/pronóstico o programar un tratamiento.

- Asesorar acerca de la conveniencia de diferentes tipos de prisión: preventiva, comunicada, incomunicada.

- Apreciar, analizar, evaluar y completar los informes presentados por los demás técnicos aportando una síntesis criminológica.

- Elaborar programa y posterior diagnóstico de reinserción.

Además en la propia Administración pública, ya sea a nivel estatal, autonómico o local, la labor del criminólogo puede solventar o mejorar el tratamiento de determinadas situaciones. Sería interesante avanzar y adaptar el informe criminológico como instrumento útil en el ámbito público para trabajar temas como:

- Instituciones penitenciarias.

- Drogodependencias.

- Análisis del crimen.

- Detección de los problemas y circunstancias que coadyuvan a la aparición del delito, estableciendo propuestas de control y prevención del crimen.

- Actuación urbanística.

- Formación integral de individuos.

- Análisis situacional del delito.

- Asesoramiento a organismos públicos que prestan servicio a víctima.

Concluir este apartado recordando que el criminólogo también tiene cabida en el sector privado a través de: empresas (bien porque estas tengan como sector el de la seguridad bien para prevenir el *mobbing*) colegios (para hacer lo propio con el *bullying*) o particulares, (estudios del fenómeno criminal). Además, al igual que en el sector público, se podría llegar a intervenir, desde una perspectiva particular o privada, en temas de política criminal local (penal y asesoramiento), de planificación urbanística (Criminología ambiental/situacional) o de atención a las víctimas.

ESTRUCTURA FORMAL DEL INFORME CRIMINOLÓGICO

El informe criminológico, como otros informes periciales, puede dividirse en distintos epígrafes generales:

1. La persona o entidad que emite el informe, una pequeña presentación de la misma y las responsabilidades legales que intervienen.

2. Objeto de estudio, que incluye una definición operativa, que subrayará los límites del mismo.

3. Estudio de la evidencia científica. Resulta relevante para el peritaje el contexto del objeto de estudio, la selección de la teoría o modelo que se pretende aplicar para realizar el peritaje.

4. Método. Se considera la estrategia de investigación del informe (puntos a evaluar), instrumentos o material empleado, contexto espacio-temporal y procedimiento detallado.

5. Resultados, de cada estrategia utilizada, así como una visión preliminar de las conclusiones generales.

6. Referencias y bibliografía, que incluirá las distintas fuentes, anejos,etc.

En resumen, el informe incluirá el objeto, el método utilizado y los estudios realizados, así como los resultados obtenidos.

Una de las primeras tareas que deberá llevar a cabo un criminólogo para la elaboración del informe criminológico será la lectura-análisis pormenorizado del sumario del caso. A través de esta actividad estaremos en disposición de encontrar elementos criminológicos asilados o enlazables que podrían aportar un nuevo punto de vista global al caso, o detallar elementos específicos del asunto.

El criminólogo puede no tener nada que decir acerca de la posibilidad de existencia de retraso mental, de un trastorno de personalidad o acerca de si la víctima ha desarrollado un trastorno de estrés post-traumático. El informe criminológico, frente a otros informes como el psicológico, responde a preguntas respecto al delincuente, la víctima y las circunstancias del delito.

Dicho esto, es relevante apostillar acerca de la eterna dicotomía Criminalística-Criminología. La primera integra el conjunto de ciencias que sirven para esclarecer un hecho delictivo, es decir, para saber qué ha ocurrido, quién lo ha hecho y de qué forma. Forman parte de la Criminalística ciencias tan dispares como la Antropología, la Psicología, la Medicina o la Zoología. Se trata, en definitiva, de ciencias forenses, ciencias que han desarrollado técnicas que ayudan, en ocasiones de forma vital, a aplicar el derecho; fundamentalmente el derecho penal.

La Criminología, sin embargo, es algo distinto. Es una ciencia social que estudia el fenómeno de la desviación en sus distintos ámbitos: 1) la definición de lo que es desviado y la reacción social a la desviación (en palabras más sencillas: la criminalización de conductas), 2) el hecho desviado en sí, 3) la persona que actúa de forma desviada (el "delincuente") y 4) la persona que sufre los efectos negativos, cuando los hay, de la conducta desviada (la víctima).

Es evidente que existen espacios confusos en los que resulta complejo distribuir competencias entre los distintos profesionales. De lo que no existe duda es para la Justicia, el criminólogo debe constituirse como aquel profesional con conocimientos técnicos que puede ayudar en la instrucción y resolución de un determinado litigio. Ese resultado se traduce en un documento técnico que producirá consecuencias jurídicas. Lo deseable es que la primera condición habilitante para emitir esos informes, sea el título de Grado en Criminología. Además sería interesante avanzar en un código deontológico y unos cánones establecidos que permitan al criminólogo profesional dotar de estabilidad y criterio a sus conocimientos.

CONCLUSIÓN

A poco que seamos objetivos y describamos las necesidades de prevención y reacción frente al crimen que presenta el sistema nos percatamos de la utilidad teórica y práctica del criminólogo como profesional. La coherencia nos lleva a pensar que es poco eficiente disponer de trabajadores especializados en la conducta desviada que no pueden aplicar dicha especialización en su campo de conocimiento. El informe criminológico debe ser uno de los cimientos sobre los que se edifique esta figura profesional, guiado por unos cánones estables y estudios doctrinales al respecto. Este informe poseerá un carácter dinámico a la par que científico, mediante el cual se estudiará el delito, el delincuente, la víctima y la interacción entre estos elementos.

Asimismo las particularidades del caso no pueden alejarnos de la necesidad de tratar la delincuencia como un fenómeno, del cual debemos determinar las causas, en miras a una posible prevención, o afrontar las consecuencias que se deriven del mismo. Todo ello, desde una perspectiva centrada en los límites espacio-temporales y situacionales del delito concreto, en el que se interviene con personas, no con seres estáticos.

Como me gusta decir, el papel socio-laboral del criminólogo es un lienzo en blanco sobre el que debemos plasmar nuestra obra.

REFERENCIAS BIBLIOGRÁFICAS

- Climent, C, Garrido, V., y Guardiola, J. (2012) El *informe criminológico forense. Teoría y práctica.* Tirant lo Blanch, Valencia, 2012.

OTRAS OBRAS DE
NUESTRA COLECCIÓN

III Congreso de Justicia Restaurativa: Apuntes, coordinado por Guillermo González y Virginia Domingo

Abuso sexual en niños y adolescentes, María Isabel Martínez Pérez

Aspectos criminológicos en materia de seguridad vial, coordinado por Juan Antonio Carreras Espallardo

Criminalidad organizada, estudios internacionales, coordinado por Juan José Martínez Bolaños

Criminología Vial, Juan Antonio Carreras y José María González

Criminology and forensic psychology, coordinado por Jose Luis Alba Robles y Eva María Jiménez

Cyborg Is Coming, coordinado por Jose Manuel Servera

El cine: a la reflexión por la ficción, Javier Nistal

El valor de la justicia para Don Quijote de La Mancha, Javier Nistal

El sistema penitenciario español "de un vistazo", Javier Nistal

Emprender en criminología, Jose Manuel Servera

Justicia Restaurativa, mucho más que mediación, Virginia Domingo

Jóvenes Promesas en Criminología, 2014-2015

La idoneidad del criminólogo en la administración penitenciaria, Manuel Fanega

La reforma de las escuelas de criminología en México, Wael Hikal

La pena de prisión permanente revisable, anteproyecto de ley español, Ainhoa Fernández-Toribio, Lucía González, Marina Gutiérrez

La psicopatía en el siglo XXI, apuntes para la reflexión, coordinado por Jose Luis Alba

Las alternativas a la privación de libertad en el derecho penal español, Tomás Montero

Luces y Sombras en Criminología, un libro sobre iluminación y criminalidad, Carlota Barrios

Nadie Debería Trabajar Jamás, Jose Servera

¿Por qué delinquen las mujeres?, Ruth Alvarado

Valoración de las amenazas en textos escritos, Ana Isabel Aparicio, Luis Gil Tosco y Jana Mena